能源与电力分析年度报告系列

2011 中国电力供需分析报告

国网能源研究院 编著

中国电力出版社
CHINA ELECTRIC POWER PRESS

内 容 提 要

《中国电力供需分析报告》是能源与电力分析年度报告系列之一，主要对每年我国经济发展，全国及各地区电力需求、电力供应、电力供需形势进行跟踪分析和预测，为分析研究我国电力与经济增长之间的关系、准确把握未来电力供需形势的走势、合理制定相关政策和措施提供决策参考和依据。

本报告对我国2010年及“十一五”期间国民经济运行、全国及各地区电力需求、电力供应、电力供需形势进行了全面分析和总结；在深入分析主要影响因素的基础上，对2011年全国及各地区经济、电力需求、电力供应、电力供需形势进行了分析预测；对黑色金属、有色金属、化工、建材等重点用电行业的经济运行和“十二五”期间电力需求进行了展望。

本报告适合电力供需分析人员、能源分析人员、经济分析人员、国家相关政策制定者及科研工作者参考使用。

图书在版编目（CIP）数据

中国电力供需分析报告.2011/国网能源研究院编著.—北京：中国电力出版社，2011.6

（能源与电力分析年度报告系列）

ISBN 978-7-5123-1784-0

Ⅰ.①中…　Ⅱ.①国…　Ⅲ.①供电—市场需求分析—研究报告—中国—2011　Ⅳ.①F426.61

中国版本图书馆CIP数据核字（2011）第107348号

中国电力出版社出版、发行

（北京市东城区北京站西街19号　100005　http：//www.cepp.sgcc.com.cn）

北京市同江印刷厂印刷

各地新华书店经售

*

2011年7月第一版　2011年7月北京第一次印刷

700毫米×1000毫米　16开本　11印张　128千字

印数0001—2000册　定价 **50.00** 元

《中国电力供需分析报告》
编　写　组

组　长　单葆国

副组长　韩新阳　顾宇桂

成　员　黄　清　温　权　郭利杰　司　政　朱发根　谭显东　罗　智　邢　璐　陈　磊　徐敏杰

前言

多年来，国网能源研究院在电力市场分析预测领域开展了大量的研究工作，定期跟踪分析全国及各地区宏观经济运行、重点行业发展、电力供需状况，开展宏观经济、电力供需形势预测预警等，形成了季度、年度电力供需分析系列报告，为政府部门、电力企业和社会各界提供了许多有价值的决策参考和分析依据。

2010 年，世界经济初步走出国际金融危机影响的阴影，经济增长出现明显反弹；我国实施了应对国际金融危机冲击的一揽子计划，加快转变经济发展方式和经济结构战略性调整，国民经济保持了平稳较快发展，超过了日本，成为世界第二大经济体。在宏观经济较快增长的拉动下，我国全社会用电量实现了快速增长，电力弹性系数大于 1；受电力需求快速增长、电煤供应紧张和气候来水等因素的影响，全国部分地区部分时段出现了电力供需紧张形势。

2011 年，世界各国应对国际金融危机的经济刺激政策效应减弱，世界经济增长不确定性加大，另外，欧洲主权债务危机、日本大地震、北非局势紧张等因素使得世界经济复苏进程放缓。从国内来看，2011 年是“十二五”开局之年，各地区加快经济增长的动力依然不减，但在“转方式、调结构、防通胀、惠民生”等一系列政策的作用下，我国经济将进入正常增长轨道。在工业化和城镇化快速推进的拉动下，电力需求仍然会保持快速增长；但在电煤供需矛盾短期难以有效解决及跨区输电能力建设滞后等因素的影响下，部分地区电力供需矛盾将更加突出，全国电力供需形势不容乐观。

本报告在分析2010年及“十一五”期间宏观经济运行和电力供需状况的基础上，对2011年我国宏观经济运行与电力供需形势进行了预测。报告共分两篇。第一篇为综合预测篇，共9章。第1章对2010年及“十一五”期间全国及各地区的经济运行情况进行了分析和总结。第2～4章分别对2010年及“十一五”期间全国及各地区电力需求、电力供应、电力供需形势进行了详细分析和总结。第5章对影响近期电力需求的主要因素进行了深入分析，主要包括世界经济发展、国内经济形势、产业结构调整、节能降耗、重点行业发展等。第6章对2011年全国及各地区经济发展进行预测。第7～9章分别对2011年全国及各地区电力需求、电力供应能力、电力供需形势进行了分析预测，并提出了有关建议。第二篇为专题研究篇，共4章，分别对“十一五”期间黑色金属、有色金属、化工、建材四大行业经济运行与电力需求状况进行了分析，并对“十二五”期间各行业电力需求进行了预测。

在本报告的编写过程中，得到了国家电网公司发展策划部的大力支持，在此表示真诚感谢！

限于作者水平，虽然对书稿进行了反复研究推敲，但难免仍会存在疏漏与不足之处，恳请读者谅解并批评指正！

编著者

2011年5月

目　录

专题研究篇

概　　述

（一）2010 年电力供需形势

（1）经济实现平稳较快增长。

2010 年，面对极为复杂的国内外经济环境和各类严峻的自然灾害，我国加强和改善宏观调控，为经济的稳定快速发展提供了良好的政策环境，国民经济运行态势总体良好。全年经济增长 10.3%，增速比 2009 年提高了 1.1 个百分点。全年经济增长呈现“前高后稳”态势，各季度经济分别同比增长了 11.9%、10.3%、9.6%和 9.8%。

“十一五”期间我国国内生产总值（GDP）年均增长 11.2%，远远超过“十一五”规划纲要提出的年均增长 7.5%的目标。2000 年以来全国经济增长情况见图 0-1。

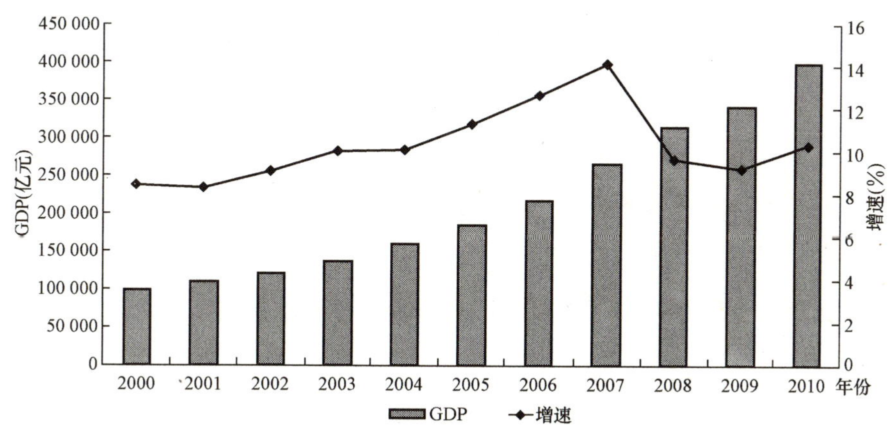

图 0-1　2000 年以来全国经济增长情况

（2）电量恢复性增长。

2010 年全国全社会用电量达到 41 923 亿 kW·h，比 2009 年增长了 14.6%。用电量实现快速增长的主要原因，一是受金融危机的影响，2009 年基数偏低，2009 年全国用电仅增长 6.4%，2010 年用电实现恢复性增长；二是 4 万亿元投资的拉动下，经济复苏稳健，各行业都得到较快发展；三是中西部地区用电增速明显反弹。“十一五”期间，虽然受到国际金融危机的影响，用电量一度增长缓慢，但我国用电量年均增速仍达到了 11.1%，仅比“十五”期间的年均增速回落 1.9 个百分点。2000 年以来全国用电增长情况见图 0-2。

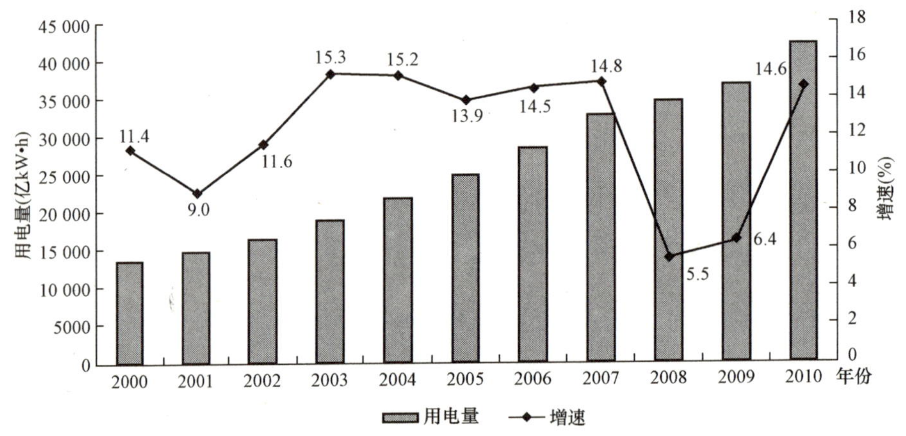

图 0-2　2000 年以来全国用电增长情况

（3）节能减排政策对下半年用电量产生一定的影响。

2009 年下半年以来，基于拉动经济复苏的需要，部分地区放宽了对高耗能工业的严控政策，致使在经济增长不断加快的情况下，部分地区单位 GDP 能耗出现回升态势。2010 年是实现“十一五”节能减排目标的最后一年，鉴于节能减排的严峻形势，自 5 月以来，中央和地方政府连续出台了一系列淘汰落后产能、清理高耗能企业优惠电价等政策和措施，大力实施重点节能工程，部分地区甚至采取了激进的限产限电措施。

由于节能减排力度的不断加大和 2009 年基数的不断抬高，1—4 季度全国用电分别增长 24.2%、19.2%、12.5%和 5.2%，呈逐季回落态势。其中河南、广西、贵州、安徽、青海、宁夏、山西等省（区）受节能减排影响较大，个别月份电力需求出现负增长。从行业看，黑色金属、有色金属、化工等高耗能行业受到的影响较大，四季度用电出现了负增长。2009 年以来全国用电分月增长情况见图 0-3。

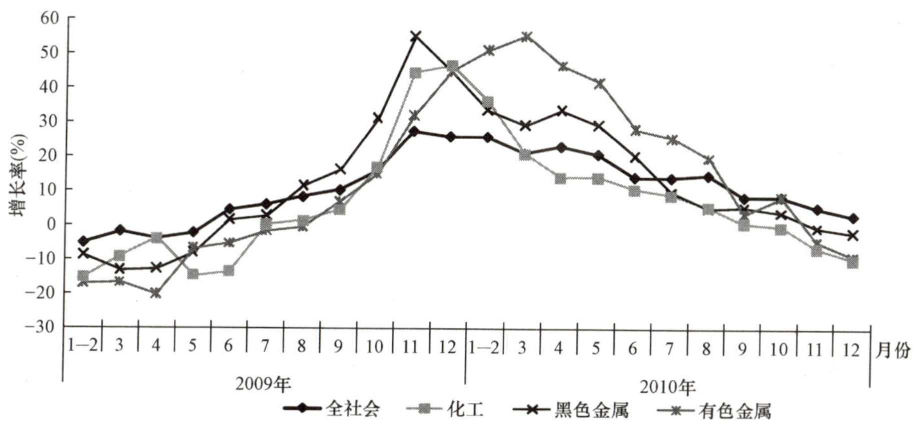

图 0-3　2009 年以来全国用电分月增长情况

(4) 电源结构进一步优化。

2010 年，全国基建新增装机容量 9127 万 kW。其中，水电、火电、核电、风电新增装机容量分别占 18.2%、64.4%、1.9%和 15.3%。截至 2010 年底，全国发电装机容量达到 9.6 亿 kW，比 2009 年增长了 10.1%，其中水电、火电、核电、风电装机容量分别为 21 340 万、70 663 万、1082 万、3107 万 kW，分别占 22.2%、73.4%、1.1%和 3.2%。“十一五”期间，我国装机年均增长 13.2%，电源结构进一步优化，水电装机容量超过 2 亿 kW，风电新增装机几乎每年增长 1 倍，核电在运机组超过 1000 万 kW，而火电装机容量比重下降了 2.2 个百分点。2000 年以来全国新增电源装机容量见图 0-4。

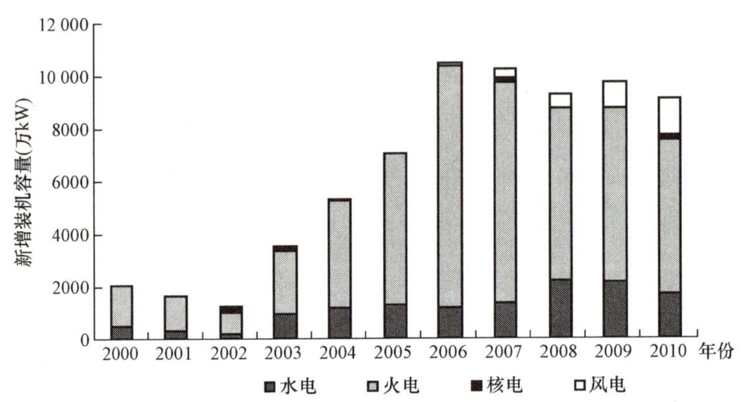

图 0-4 2000 年以来全国新增电源装机容量

(5) 电力供需总体平衡。

2010 年全国电力供需总体平衡，但受电煤供应紧张和极端天气等因素影响，部分地区在年初、迎峰度夏及年末电力供需紧张。全年发电设备利用小时数为 4660h，比 2009 年增加了 114h，为 2004 年以来发电设备利用小时数持续下降后的首次回升。其中，水电设备平均利用小时数为 3429h，比 2009 年提高了 101h；火电设备平均利用小时数为 5031h，比 2009 年提高了 166h。2000 年以来全国发电设备利用小时数变化情况见图 0-5。

2010 年各地区电力供需形势为：华北电网局部地区时段性电力供应紧张；华东电网夏季、冬季大负荷期间电力供需偏紧；华中电网枯水期电力供应紧张，年末供需形势较为严峻；东北电网电力供需平衡有余；西北电网电力供需平衡有余，但年末受电煤供应不足影响出现限电；南方电网年初受严重旱情影响，电力供需紧张，其余时段电力供应平衡偏紧。

“十一五”期间，全国电力供需形势经历了由紧张到宽松再趋于

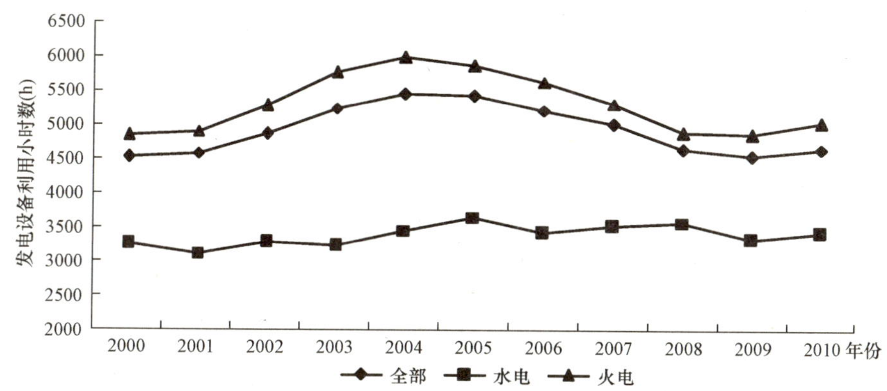

图 0-5　2000 年以来全国发电设备利用小时数变化

平衡的历程。全国发电设备利用小时数累计下降了 751h，其中火电设备利用小时数下降了 845h。电煤供应不足和极端天气逐渐成为导致电力供需偏紧的主要因素。

（二）2011 年电力供需预测

（1）2011 年经济增长趋缓。

2011 年是“十二五”的开局之年，“十二五”规划的实施将给经济注入新动力，战略性新兴产业规划的启动、居民消费升级和城镇化进一步加快都蕴含着巨大的市场需求和发展空间。但考虑到世界经济增速减缓，我国经济内生增长动力尚未全面恢复，刺激政策边际效应递减等各方面因素的影响，综合判断 2011 年我国经济增速将较 2010 年有所下降，但总体仍呈现平稳较快增长态势，预计增长 9.5%～9.9%。

（2）2011 年用电仍保持较快增长。

2011 年，在经济保持平稳较快发展的带动下，电力需求仍会保持较快增长。由于我国目前仍然处于工业化和城镇化加快发展阶段，2011 年电力弹性系数仍将保持在 1 以上。但随着经济结构的调整和节能减排工作的开展，我国电力需求增速将有所回落。

分产业看，第二产业用电增长 11.5%左右，比 2010 年回落了 3.9 个百分点。其中黑色金属、有色金属和化工行业用电增速回落较为明显，带动四大高耗能行业用电增速回落，占全社会用电比重将降低。随着经济结构调整的深入，现代服务业将会加快发展，第三产业用电将继续保持较快增长，预计增长 14.1%左右。我国居民生活用电水平偏低，在居民收入不断提高及社会保障体系不断健全等因素的影响下，居民生活用电仍将保持较快增长，预计增长 13.9%左右。

预计 2011 年全国全社会用电量将达到 4.66 万亿～4.74 万亿 kW·h，比 2010 年增长 11%～13%。

(3) 2011 年装机容量平稳增长。

2011 年，全国预计新增发电装机容量 9400 万 kW。其中，水电、火电、核电、风电和其他类型新增装机容量分别占全部新增容量的 13.7%、67.5%、1.8%、15.8%和 1.2%。扣除退役机组后，预计 2011 年底全国装机容量将达到 10.5 亿 kW 左右，装机增速慢于用电增速。

(4) 电煤供应将成为影响 2011 年电力供需形势的主要因素。

近年来，我国装机容量对电力供应的瓶颈约束明显减弱，但电煤供应不足成为制约电力供应的主要因素。2011 年，预计全年电煤消费将达 19 亿 t 左右，增长 8%～10%。继山西、陕西、内蒙古煤炭资源整合后，河北、河南、黑龙江、云南、贵州等省（区）也明确表示要加大资源整合力度。国际上局部地区的战争对能源价格、供应也将产生一定的影响。预计电煤的价格和运输等问题在 2011 年将更加突出，煤炭输入省和输出省均可能出现电煤供应紧张。各省中江苏、浙江、广东等省受电煤供应制约较小，而湖北、湖南、河南、江西及山西、安徽、陕西、贵州等省的电煤供应存在较大的不确定性，对 2011 年电力供需形势带来重要影响。

(5) 2011 年全国部分地区电力供需形势偏紧。

2011 年，受电煤供应不足、来水偏枯及极端气候等因素的影响，全国部分地区电力供需偏紧。预计迎峰度夏期间华北、华东、华中、南方电网电力缺口分别为 700 万～800 万、1700 万～2000 万、600 万～1200 万、300 万～500 万 kW。预计迎峰度冬期间华北、华东、华中、南方电网电力缺口分别为 400 万、1100 万、1300 万、500 万 kW 左右。预计东北、西北电网电力供应富余。预计全国发电设备利用小时数 4722h，比 2010 年上升 62h；其中火电发电设备利用小时数 5247h，上升 216h。电力供需偏紧的时段主要在 1、7、8 和 12 月。

(6)“十二五”期间电力需求仍将保持较快增长。

“十二五”期间，世界主要经济体将逐步步入复苏期，但由于深层次结构失衡等问题，复苏之路仍存在一定的不确定性和脆弱性。我国内部发展环境总体较为稳定，未来五年将是国家经济发展方式转变、产业结构优化调整的重要战略机遇期。我国电力需求仍将保持较快增长。从部分国家人均用电量 3000～5000kW・h 经历的时间来看，大部分国家用了 10 多年的时间，期间电力弹性系数远大于 1，或接近于 1。在节能减排工作力度不断深入的背景下，“十二五”期间我国电力弹性系数有望维持在 1 左右。预计 2015 年，全国全社会用电量将达到 5.8 万亿～6.3 万亿 kW・h，人均用电量将达到 4300kW・h 左右。

（三）主要建议

针对 2011 年电力供需形势及“十二五”电力需求增长情况，提出如下建议：

(1) 加强煤电运协调，保证电煤可靠供应。

建议煤炭企业合理安排煤炭生产，与发电企业签订长期供应合同并切实履行合同；建议电力公司及时跟踪分析电煤供需形势及电厂库存变化情况，科学安排机组运行方式，确保电力安全稳定供应；建议国家相关部门加强煤炭、电力、铁路、港口等部门的协调，保证电煤的可靠供应；核定煤、电成本和利润，积极调控煤价，及时调整电价，理顺煤价与电价关系，疏导煤价与电价矛盾，促进煤炭与电力行业协调可持续发展。

（2）大力推进电力需求侧管理工作，缓解电力供需紧张矛盾。

切实贯彻落实《电力需求侧管理办法》和《有序用电管理办法》，加强0.3%的节能量指标的考核和管理，深入推动电力需求侧管理工作的开展；认真履行电网企业在电力需求侧管理中的实施主体职责，配合政府不断完善有序用电方案，运用科学合理的需求侧管理手段，缓解用电高峰的电力供需紧张情况，提高供电服务质量。

（3）加快电网建设，尽快核准开工一批跨区输电工程。

发展特高压已纳入国家"十二五"规划纲要，建议将"十二五"规划建设的特高压电网项目纳入能源、电力、电网等国家专项规划。为解决华东、华中、华北地区"十二五"初期的电力供需紧张问题，需尽快核准一批包括特高压交直流在内的跨区输电工程，争取早核准、早开工，扩大西电东送规模。

（4）优化电源结构，保持合理的电源建设规模。

近期要充分挖掘资源潜力，尽快核准部分地区业已建成的未核准发电机组，或者允许其顶峰发电。中长期要根据我国的资源禀赋状况，按照"控制东部、稳定中部、开发西部"的原则，严格控制中东部地区火电建设规模，优化电源地区布局；加大清洁煤发电等先进技术的研发、示范和推广；加快水电特别是西南重点流域水电的开发进度，科学布局、稳步推进抽水蓄能项目建设；在确保安全的基础上高效发展核电，下大力气提高核电在电源结构中的比重；加强风电和太阳能光伏发电的统筹规划与运营管理，促进可再生能源发电项目的有序发展。

（5）推进能源价格改革，构建科学合理的电价形成机制。

构建煤、油、气、电之间合理的能源比价关系，在其他能源价格完全或基本市场化的情况下，要尽快理顺煤电价格关系，建立科学合理的电价形成机制。一方面，完善煤电联动政策，避免电力企业出现长期政策性亏损，提高发电企业积极性；另一方面，加快电价改革，通过价格杠杆推动我国粗放式生产和生活方式的转变，抑制高耗能产业和其他行业不合理的能源需求。

（6）大力推进节能减排工作，加快建立节能减排长效机制。

应当以市场为基础，针对各地区资源禀赋、产业结构和发展阶段的差异，更加公平合理分配节能减排指标，积极探索有利于结构优化、技术进步、资源消耗和污染排放逐步降低的运行机制，大力推进节能减排工作。

综合预测篇

1

2010年经济运行

2010年，面对极为复杂的国内外经济环境，我国经济不但在第四季度扭转了增速逐季回落的趋势，而且全年实现了两位数增长。我国经济增长动力正逐步从政策推动型向市场内生型转变。经济结构调整取得了积极进展，内外需协调支撑经济增长，有效巩固和扩大了应对国际金融危机冲击成果，国民经济运行态势总体良好。

1.1 全国经济运行情况

2008年以来我国各季度经济增长情况见图1-1。据初步测算，2010年国内生产总值达到39.8万亿元，按可比价格计算，比2009年增长了10.3%，增速比2009年提高了1.1个百分点。分季度来看，2010年第一季度至第四季度分别同比增长11.9%、10.3%、9.6%和9.8%。从总体趋势来看，由于宏观政策主动调控及2009年基数因素影响，至2009年第四季度，经济增长由偏快转为企稳，固定资产投资增速持续回落，国内需求稳健增长，出口有所改善。

“十一五”是我国经济发展极不寻常的五年，在国际金融危机及地震、泥石流、旱灾、水灾、雨雪冰冻等自然灾害次第发生的情况下，我国经济经受住了空前严峻的挑战，经济保持较快发展，年均增速达11.2%，远超“十一五”规划纲要提出的年均增长7.5%的目标。其中，2006－2007年，我国经济经历了高速增长的过程，而2008年受金融危机冲击，经济急剧下滑；2009年，随着“一揽子”

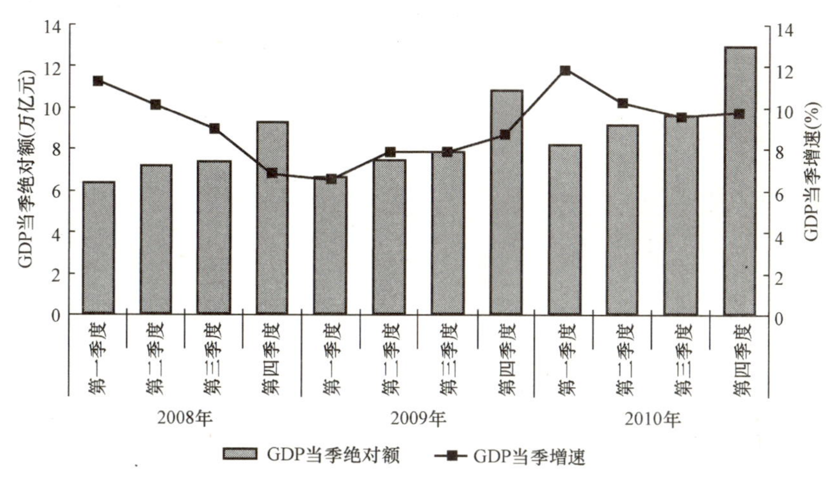

图 1-1 2008 年以来我国各季度经济增长情况

经济刺激计划及 4 万亿投资政策发挥效果，我国率先走出国际金融危机，进入新一轮经济增长周期；2010 年，我国经济总量超过日本，成为世界第二大经济体。

1.1.1 产业结构

2010 年，我国第一产业、第二产业、第三产业增加值分别为 40 497 亿、186 481 亿、171 005 亿元，分别比 2009 年增长了 4.3%、12.2%、9.5%。三次产业增加值占国内生产总值比重分别为 10.2∶46.8∶43.0，其中第一产业、第三产业比重分别下降了 0.1、0.5 个百分点，第二产业比重提高了 0.6 个百分点。

“十一五”期间，第一产业、第二产业、第三产业增加值年均增速分别为 4.5%、12.1%、11.9%。相对于 2005 年，2010 年我国第一产业增加值占国内生产总值比重下降了 1.9 个百分点，第二产业比重下降了 0.5 个百分点，而第三产业比重则增加了 2.4 个百分点。

2000 年以来全国三次产业结构变化见图 1-2。

1.1.2 工业生产

2010 年，全国工业增加值为 160 030 亿元，比 2009 年增长了

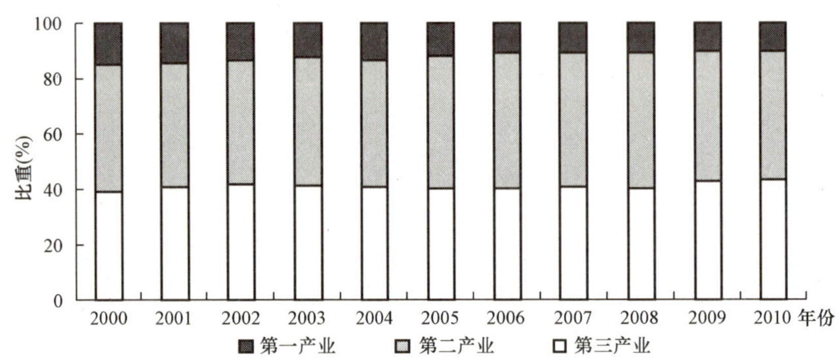

图 1-2 2000 年以来全国三次产业结构变化

12.1%。其中规模以上工业增加值同比增长了 15.7%，增速比 2009 年加快 4.7 个百分点。分季度来看，第一季度至第四季度分别同比增长 19.6%、15.9%、13.5%和 13.3%，呈“前高后稳”的走势。分行业来看，在 39 个大类行业中，38 个行业实现比 2009 年增长。分地区来看，东部地区增长 14.9%，中部地区增长 18.4%，西部地区增长 15.5%；中、西部地区经济增长快于东部地区，经济区域布局继续优化。

轻工业运行平稳，重工业增速快速回落。轻工业增加值增长 13.6%，加快 3.9 个百分点；受节能减排等宏观调控政策的影响，重工业增加值增速从第二季度开始放缓，全年增长 16.5%，具体见图 1-3。

“十一五”前两年，规模以上工业保持高速增长态势，2006、2007 年增速分别达 16.6%、18.5%，由于国际金融危机的冲击，2008、2009 年我国规模以上工业增速下滑。在保增长、扩内需、调结构的一系列经济刺激政策下，4 万亿投资计划、十大产业调整和振兴规划措施密集推出，工业经济改变下滑趋势，到 2010 年，规模以上工业增速达到 15.7%，呈现“V”形运行轨迹，具体见图 1-4。“十一五”期间，工业产业结构调整取得显著成效，主要表现在能源

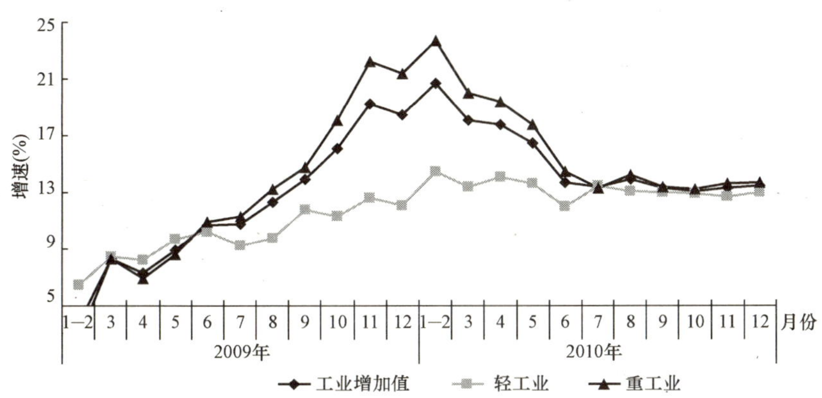

图1-3 规模以上工业增加值逐月同比变化情况

工业结构加速优化、高技术制造业规模不断扩大、高耗能行业增速减缓、产品结构优化升级等。五年来，轻工业占比持续回落，重工业占比上升，2010年，重工业比重约为72%，比2005年上升了3个百分点。

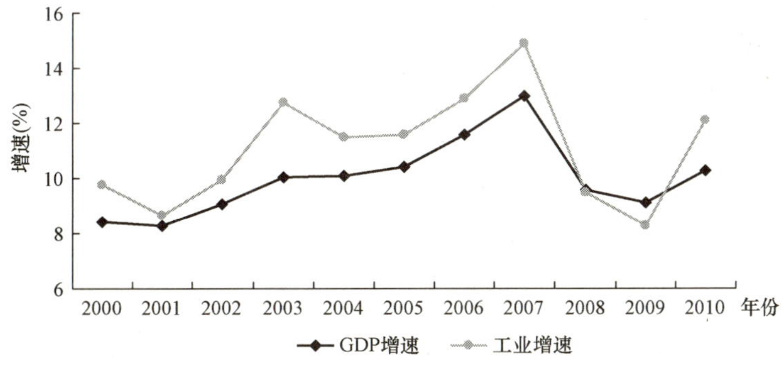

图1-4 2000年以来全国工业增加值和GDP增速

1.1.3 主要产品产量

2010年，在国家扩内需、调结构、促转变等一系列政策措施的积极作用下，我国主要工业产品产量增长态势总体良好。原油产量达2.03亿t，增长7.1%，创近年来最大增幅。虽然受制于节能减排因素的影响，但由于基建项目和保障房的建设，全年粗钢、水泥产量增速保持平稳增长。全年粗钢产量达 6.27 亿 t，增长 9.6%；水泥产量达 18.8 亿 t，增长 14.4%。全年汽车产量达 1827 万辆，增长 32.4%。从 2010 年全年走势来看，主要产品产量前五个月增幅均在两位数以上，6 月以后在节能减排政策和 2009 年基数抬高等因素的影响下，增速明显放缓，其中粗钢产量在 8—10 月出现负增长，具体见图 1-5。

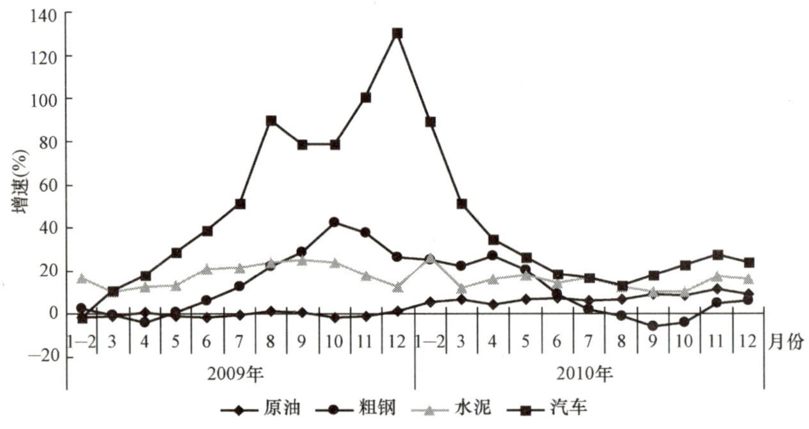

图 1-5 主要产品产量逐月增速变化情况

“十一五”期间，我国主要产品产量增速较快，原油、粗钢、水泥、汽车年均增速分别为 2.3%、12.4%、12.3%、24.3%。除原油产量在 2009 年略有下降外，大多重点产品产量呈现逐年递增态势。尤其是在政策鼓励下，汽车产量增长较快。2000 年以来主要工业产品产量见表 1-1。

表 1-1 2000 年以来主要工业产品产量

年份	原油（亿 t）	粗钢（亿 t）	水泥（亿 t）	汽车（万辆）
2000	1.63	1.29	5.97	207
2001	1.64	1.52	6.61	234

续表

年份	原油（亿 t）	粗钢（亿 t）	水泥（亿 t）	汽车（万辆）
2002	1.67	1.82	7.25	325
2003	1.70	2.22	8.62	444
2004	1.76	2.72	8.81	520
2005	1.81	3.49	10.48	615
2006	1.85	4.19	12.04	739
2007	1.86	4.89	13.54	904
2008	1.90	5.03	14.24	931
2009	1.89	5.72	16.44	1380
2010	2.03	6.27	18.8	1827

1.2 投资、消费和出口

1.2.1 投资

固定资产投资增速有所回落。2010 年，全国社会固定资产投资完成 278 140 亿元，比 2009 年增长了 23.8%，增速比 2009 年回落了 6.2 个百分点；扣除价格因素，实际增长了 19.5%。其中，城镇固定资产投资完成额为 241 415 亿元，比 2009 年增长了 24.5%，增速比 2009 年回落了 5.9 个百分点；农村固定资产投资完成额 36 725 亿元，比 2009 年增长了 19.7%，增速比 2009 年回落了 7.6 个百分点。2009、2010 年全国固定资产投资增速变化情况见图 1-6。

我国投资结构不断改善和优化。分地区来看，2010 年东、中、西部地区投资分别增长了 22.8%、26.9%、26.2%，中、西部地区投资增速远高于东部地区，这对引导经济均衡发展将起到重要作用。分产业来看，第一产业、第二产业、第三产业完成投资额分别为 3966 亿、101 048 亿、136 401 亿元，分别增长了 18.2%、23.2%、25.6%，第三产业投资增速快于其他两个产业，显示了国家调整结构的决心。

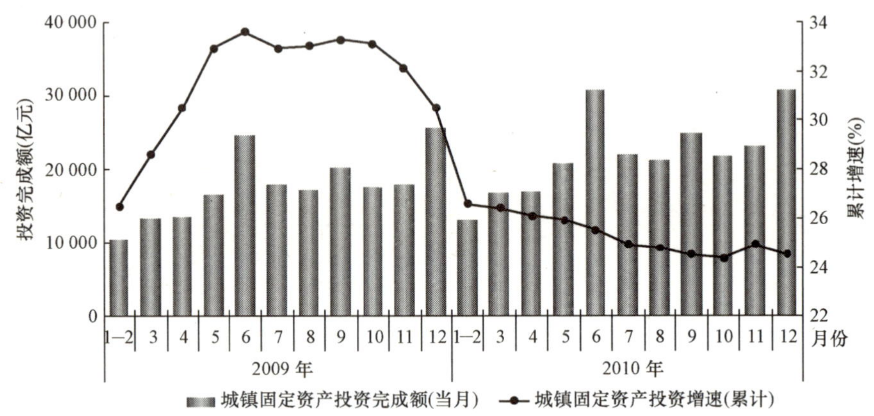

图 1-6　2009、2010 年全国固定资产投资增速变化情况

分行业来看，投资增速较快的行业有通信设备计算机及其他电子设备制造业（48.2%）、有色金属矿冶炼及压延加工业（35.8%）、专用设备制造业（35.1%）、交通运输设备制造业（31.7%）、非金属矿物制品业（28.0%）；投资增速较慢的行业有黑色金属冶炼及压延加工业（6.1%）、电力热力的生产与供应业（7.3%）、石油加工炼焦及核燃料加工（12.2%）。

“十一五”期间，我国固定资产投资额逐年增加，投资增速保持较快增长，年均增速为 26.1%。尤其是 2009 年，为应对金融危机，当年固定资产投资增速高达 30%，具体见图 1-7。

1.2.2　消费

消费平稳较快增长。2010 年，社会消费品零售总额为 156 998 亿元，比 2009 年增长了 18.3%；扣除价格因素，实际增长 14.8%。从 2010 年全年来看，由于我国经济增长保持良好态势，市场消费比较活跃，金银珠宝、住房、汽车和家用电脑等高档电子设备成为主要消费点。在 13 种大类限额以上批发和零售贸易商品零售中，消费增速超过 30%的有六种，其中金银珠宝类增长 46.0%；除化妆品消费增长速

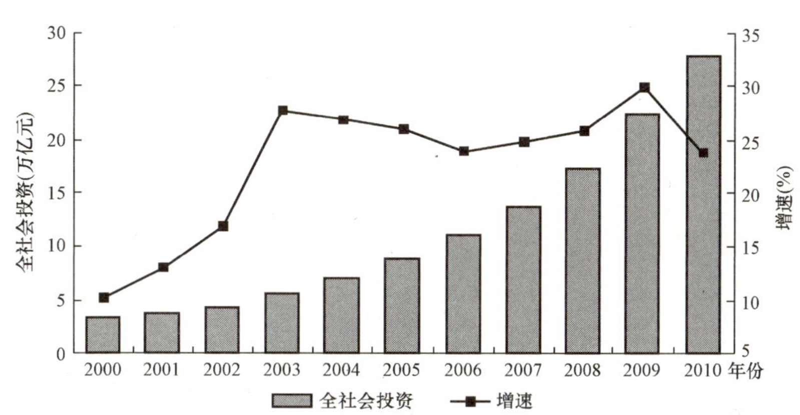

图 1-7 2000 年以来全国固定资产投资增长

度为 16.6%外，其余增速均超过 20%。2009、2010 年社会消费品零售总额增速变化情况见图 1-8。

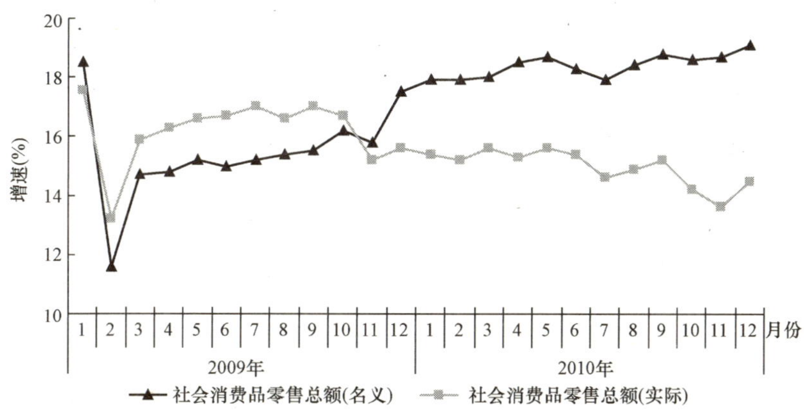

图 1-8 2009、2010 年社会消费品零售总额增速变化情况

居民消费价格维持高位。2010 年，居民消费价格（CPI）同比上涨了 3.3%，第一季度至第四季度分别上涨了 2.2%、2.9%、3.5%和 4.7%。其中，城市居民消费价格上涨了 3.2%，农村居民消费价格上涨了 3.6%。从 2010 年全年来看，CPI 增速呈现逐月上升的“前低后高”态势，尤其是在下半年，CPI 增速全部超过 3%。全年工业

出厂价格（PPI）同比上涨 5.5%，保持较高的水平，具体见图 1-9。

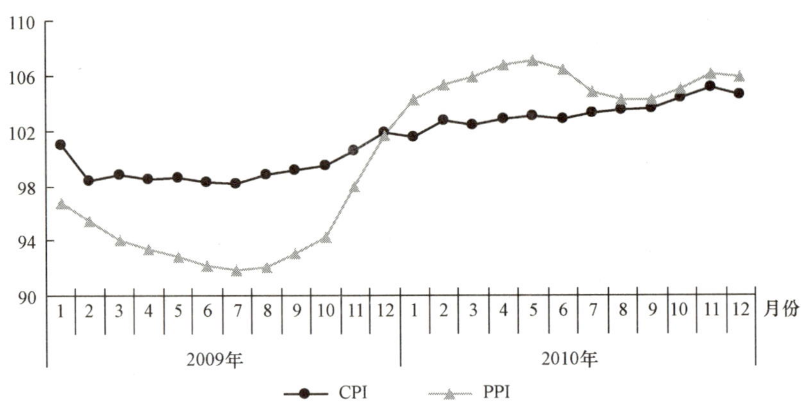

图 1-9 2009、2010 年居民消费价格指数（CPI）和工业品出厂价格指数（PPI）

注：上年同期价格指数为 100。

“十一五”期间，我国社会消费品零售总额平均增速为 18.1%，远高于“九五”、“十五”期间的增长水平。居民消费的稳步增长主要得益于“十一五”规划中提出的“积极扩大内需，调整投资和消费的关系，增强消费对经济增长的拉动作用”政策；另外，为应对金融危机出台的 4 万亿投资、实施适度宽松货币政策、十大产业调整振兴规划、区域振兴规划等，刺激了消费，实现了“保增长、调结构、扩内需、惠民生”。随着居民收入水平的提高和消费信心的增强，消费水平进一步升级，社会消费品零售总额较快增长，消费逐步成为拉动经济增长的新动力。图 1-10 所示为 2000 年以来全国社会消费品零售变化情况。

1.2.3 外贸

进出口强劲增长。2010 年，我国外贸进出口总值完成 29728 亿美元，比 2009 年增长了 34.7%。其中，货物出口 15779 亿美元，增长了 31.3%；货物进口 13 948 亿美元，增长了 38.7%；贸易顺差 1831 亿美元，比 2009 年减少了 6.4%。外贸顺差与进出口总值比例

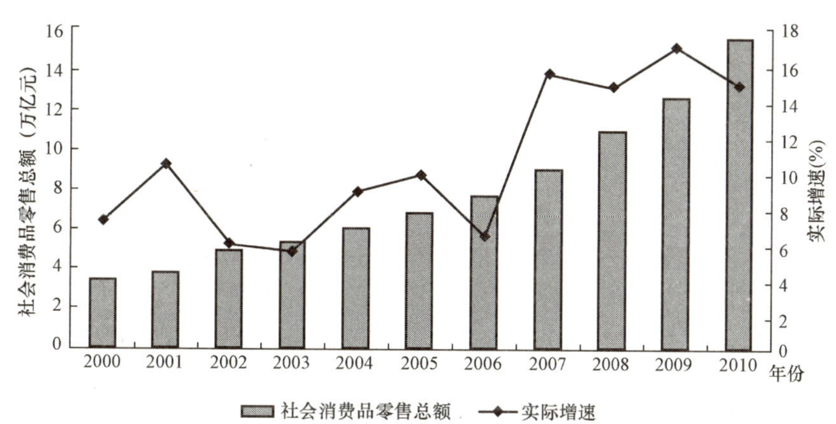

图 1-10 2000 年以来全国社会消费品零售变化情况

由 2008 年的 11.6%降至 2009 年的 8.9%，2010 年进一步降低至 6.2%。2009、2010 年我国进出口当月同比增长情况见图 1-11。

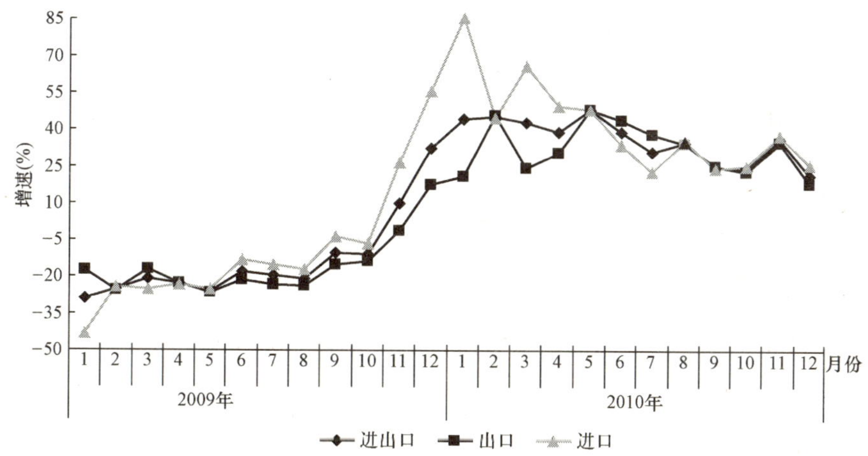

图 1-11 2009、2010 年我国进出口当月同比增长情况

“十一五”期间，我国净出口总额年均增速超过 15%。同时，出口布局渐趋合理。对发达国家市场依赖程度明显下降，其中，对欧洲、美国、日本三大主要贸易伙伴进出口占我国进出口总额的比重由“十五”末的 43.1%下降到 39.2%；对新兴经济体和发展中国家进出

口持续快速增长。进口方面，五年来我国认真履行开放国内市场的承诺，进口关税总水平降至9.8%，进口管理进一步简化，进口促进体系进一步完善，贸易便利化程度进一步提高。由于金融危机的影响，国外需求疲软，2009年我国净出口出现了负增长，2010年我国进出口均出现较大反弹，但净出口额继续回落。2000年以来全国对外贸易情况见图1-12。

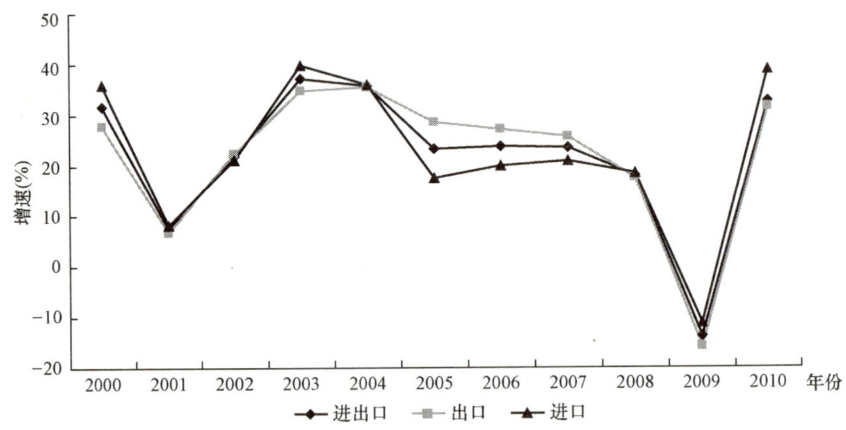

图1-12　2000年以来全国对外贸易情况

1.3　分地区经济运行情况

2010年，全国各地区经济在调整中实现平稳、较快增长。其中，华中地区经济快速发展，增速为13.6%[1]，位居全国之首；其次是东北、华北、西北地区，增速为13.5%、13.0%、12.8%；华东、南方地区经济增速分别为12.7%、12.6%。

从经济占比[2]变化来看，与2009年相比，各地区GDP占全国

---

[1] 各省GDP相加大于全国GDP，2010年有29个省（区、市）GDP增速超过全国增速。

[2] 经济占比由各地区GDP除以各地区GDP之和测算。

GDP比重变化不大，除华中、西北地区占比略有上升外，其他四个地区占比略有下降。其中华中、西北地区GDP占全国GDP比重分别为19.9%、5.4%，分别较2009年提高了0.7、0.4个百分点；华东、南方、东北地区经济占比为25.8%、16.0%、8.4%，较2009年占比均下降了0.3个百分点；华中地区经济占比为24.0%，较2009年下降了0.1个百分点。2010年各省（区、市）经济总量及增速见图1-13和图1-14。

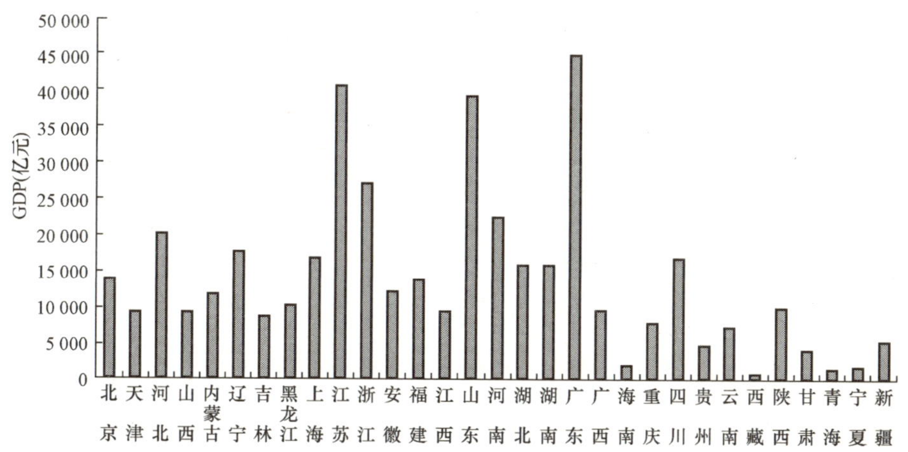

图1-13 2010年各省（区、市）经济总量

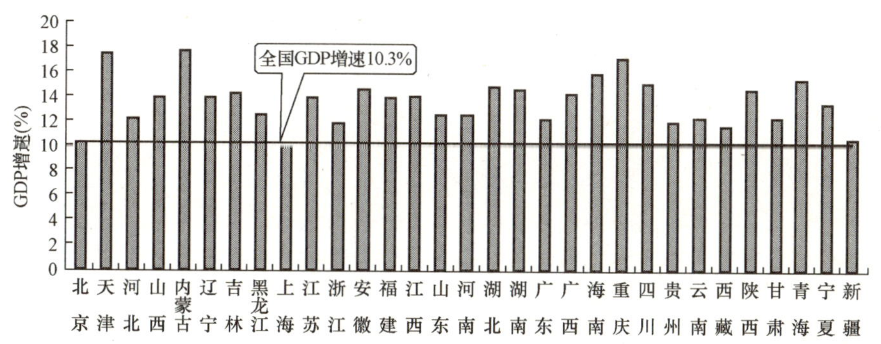

图1-14 2010年各省（区、市）经济增速

“十一五”期间，华北、华东、华中、东北、西北、南方地区年均增速分别为13.1%、13.5%、12.8%、13.6%、12.8%、12.5%。华北、华中、华东地区继续发挥区位优势，经济发展迅速；南方、东北、西北地区经济快速发展，地区之间的GDP增速差距不断缩小。从经济发展来看，各地区在“十一五”前两年发展较快；2008、2009年，由于国际金融危机的影响，经济增速大幅下降。2000年以来各地区GDP占全国GDP比重情况见图1-15。

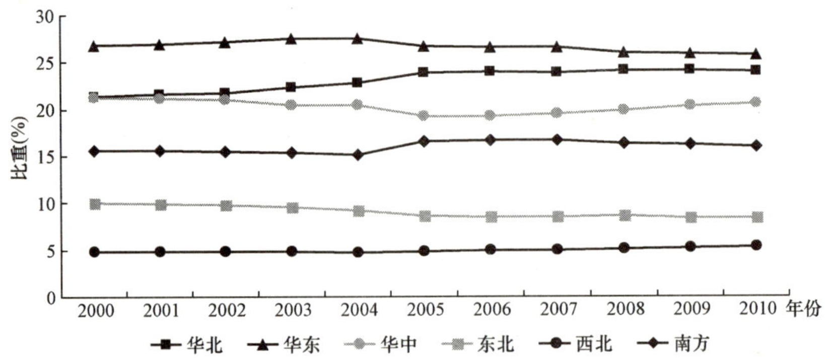

图1-15 2000年以来各地区GDP占全国GDP比重情况

2

2010 年电力需求分析

2.1 全国电力消费实绩

2.1.1 全社会用电量

全年用电量呈恢复性增长。2010 年全年全社会用电量达到 41923 亿 kW · h（中电联快报数），比 2009 年增长了 14.6%，增幅比 2009 年提高了 8.1 个百分点。全国用电增长较快的主要原因有三个：一是受国际金融危机的影响，2009 年基数较低；二是 2010 年经济复苏稳健、增长超过预期，各行业都实现较快增长，其中重工业用电明显回升；三是中、西部地区用电增速明显反弹。

下半年电力需求增速明显回落。2010 年是实现“十一五”节能减排目标的最后一年，鉴于节能减排的严峻形势，自 5 月以来，中央和地方政府连续出台了一系列淘汰落后产能、清理高耗能企业优惠电价等政策和措施，大力实施重点节能工程，部分地区甚至采取了激进的限产限电措施。从各月情况来看，由于 2009 年基数不断抬高和节能减排力度不断加大，2010 年用电增速呈回落态势，由年初的 20% 左右下降到 5%左右，具体如图 2-1 所示。

“十一五”期间，全国用电量年均增长 11.1%，虽然受到国际金融危机的影响，但由于工业化和城镇化进程较快，用电增速仅比“十五”期间年均增速回落了 1.9 个百分点，“十一五”期间的电力弹性系数达到 0.99。2000 年以来全国用电量如图 2-2 所示。

2.1.2 分产业用电量

第二产业是拉动全社会用电量增长的主要动力。2010 年，全国

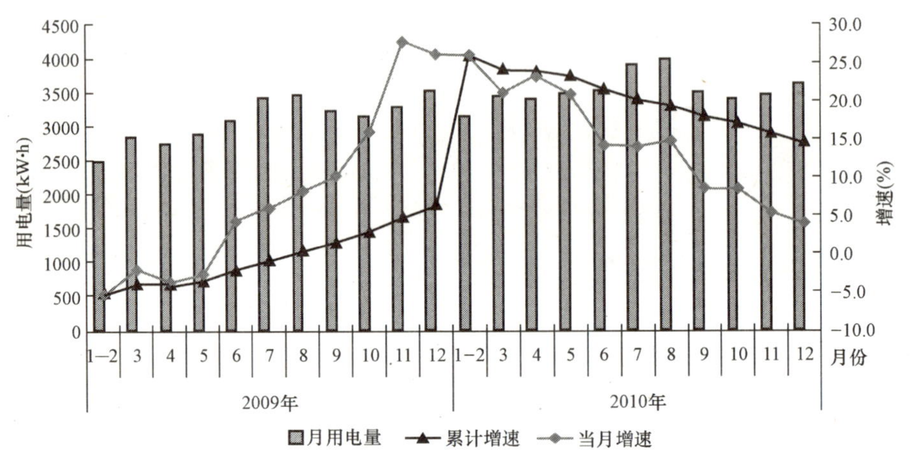

图 2-1　2009 年以来全国用电量逐月增速

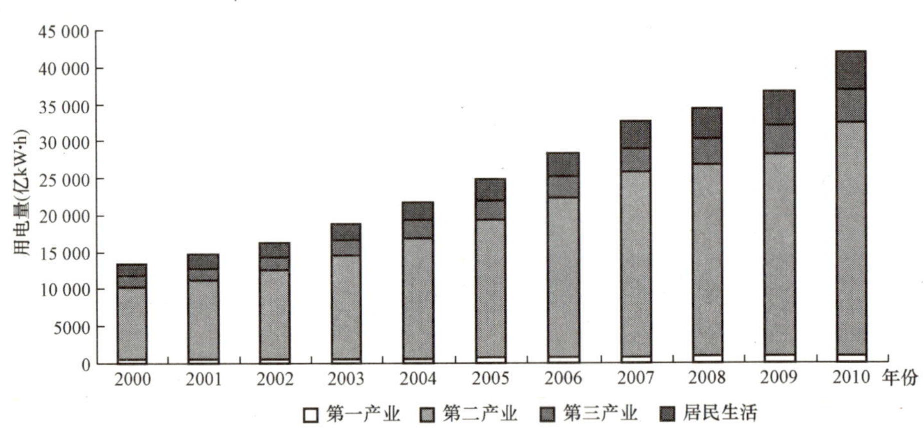

图 2-2　2000 年以来全国用电量

三次产业和居民生活用电量分别达到 984 亿、31 318 亿、4497 亿和 5125 亿 kW·h，分别比 2009 年增长了 4.7%、15.4%、14%和 12%。第一产业用电量增速继续低于平均水平；第二产业用电量快速增长，对 2010 年用电量增长的贡献率达到 78.5%；第三产业和居民生活用电量保持了平稳较快增长，贡献率分别达到 10.4%和 10.3%。2009、2010 年全国分产业用电量增长及贡献率如表 2-1 所示。

表 2-1 2009、2010年全国分产业用电量增长及贡献率

产业	2009年				2010年			
	用电量（亿kW·h）	同比增速（%）	结构（%）	贡献率（%）	用电量（亿kW·h）	同比增速（%）	结构（%）	贡献率（%）
全社会	36 595	6.4	100.0	100.0	41 923	14.6	100.0	100.0
第一产业	940	6.9	2.5	2.7	984	4.7	2.3	0.8
第二产业	27 136	4.7	74.2	54.9	31 318	15.4	74.7	78.5
第三产业	3944	12.7	10.8	20.1	4497	14.0	10.7	10.4
居民生活	4575	12.1	12.5	22.3	5125	12.0	12.3	10.3

“十一五”期间，第三产业和居民生活用电量保持了较快增长，第一产业增速继续低于全社会平均水平，第二产业用电量增速波动较大。三次产业和居民生活用电量年均分别增长了5.4%、10.9%、12.2%和12.7%，受国际金融危机的影响，第二产业用电量增速明显放缓，而第三产业和居民生活用电量始终保持较快增长。2010年，三次产业和居民生活用电结构为2.3∶74.7∶10.7∶12.3。与2005年相比，第一产业和第二产业用电量比重均下降了0.7个百分点；第三产业、居民生活用电量比重则分别上升了0.5、0.9个百分点，用电结构变化如图2-3所示。

2.1.3 工业用电量

重工业用电量明显反弹。2010年，全国工业用电量为30 887亿kW·h，比2009年增长了15.4%；其中，轻工业用电量为5187亿kW·h，比2009年增长了11.9%；重工业用电量为25 699亿kW·h，比2009年增长了16.2%。轻、重工业用电量比重由2009年的17.3∶82.7变化为2010年的16.8∶83.2，重工业比重提高了0.5个百分点。“十一五”期间，工业用电量年均增速为10.9%，其中轻、重工业用电量年均增

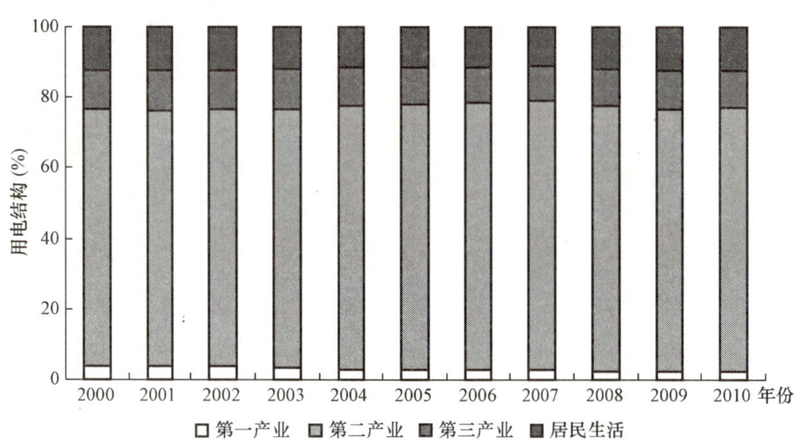

图 2-3　2000 年以来我国用电结构

速分别为 7.0%、11.8%，重工业用电量比重累计上升了 3.3 个百分点，重工业化特征进一步显现，具体如图 2-4 所示。

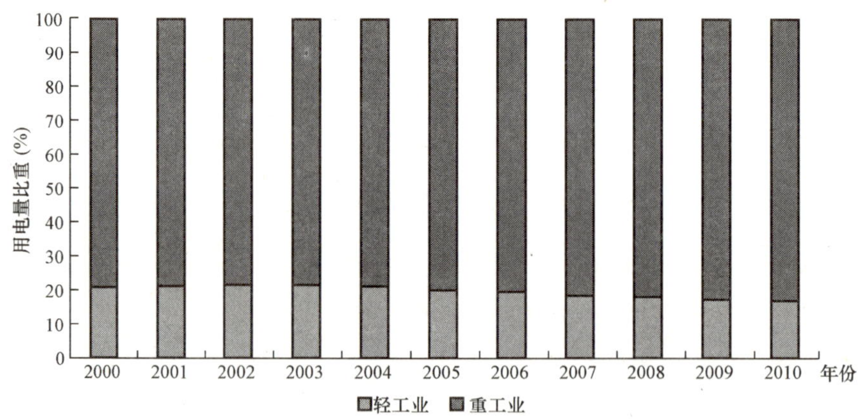

图 2-4　2000 年以来轻、重工业用电量比重变化

2.1.4 重点行业用电量❶

高耗能行业用电量保持了快速增长。2010 年，在大规模基础设施建设、住房建设、汽车消费等拉动下，黑色金属、有色金属、建材

❶ 中电联尚未公布分行业用电量数据，此处重点行业用电量数据为国网能源研究院测算数据。

行业用电量分别达到 4692 亿、3165 亿、2495 亿 kW·h，分别比 2009 年增长了 15.3%、16.1%、17.4%，其中，有色金属行业在 2010 年超过化工行业成为我国第三大用电行业；化工行业用电量增长比较平稳，比 2009 年增长了 11.9%。四大高耗能行业用电合计达到 13 487 亿 kW·h，比 2009 年增长了 16.5%；对全社会用电量增长的贡献率达到 35.9%，贡献率比 2009 年提高了 14.2 个百分点。受节能减排和 2009 年基数抬高的影响，第四季度高耗能行业用电量增速明显回落，其中黑色金属、有色金属、化工行业在部分月份用电量出现负增长，具体如图 2-5 所示。

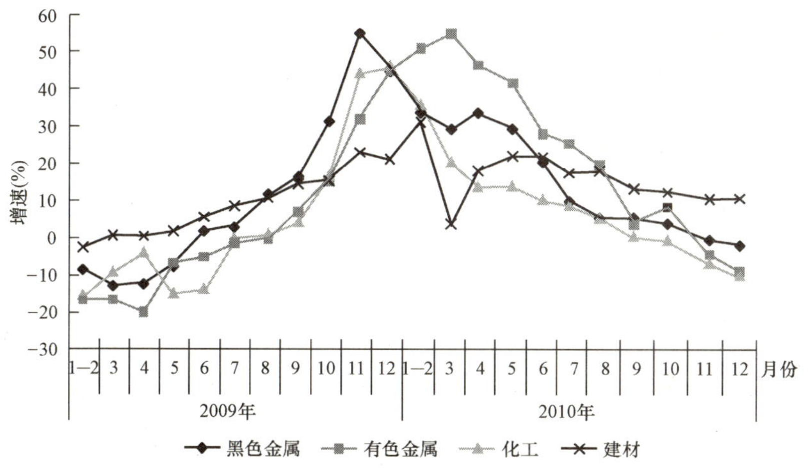

图 2-5 2009 年以来高耗能行业用电量分月增速

“十一五”期间，四大高耗能行业用电量合计增长 12.1%，高于全社会平均水平 1 个百分点。截至 2010 年底，高耗能行业用电量比重累计上升了 1.4 个百分点，其中黑色金属、有色金属、建材、化工行业比重分别达到 11.2%、7.6%、6.0%、7.5%。

纺织行业用电量增速趋稳。在国家稳定出口政策和国际经济形势趋于好转的背景下，2010 年纺织行业用电量增长 10.9%，增速比 2009 年提高了 9 个百分点。“十一五”期间，纺织行业年均用电量增长了 7.1%，用电量比重累计下降了 0.6 个百分点，达到 3.0%。

交通运输及电气电子制造业用电量高速增长。随着汽车、城市交通、铁路、航空等交通运输业的快速发展，交通运输制造业用电量增速不断加快。2010 年，交通运输及电气电子制造业用电量为 1733 亿 kW·h，比 2009 年增长了 24.3%；用电量比重达到 4.1%，比 2009 年提高了 0.3 个百分点。“十一五”期间，交通运输及电气电子制造业年均用电量增长 16.9%，用电比重累计提高了 0.9 个百分点。2000 年以来重点行业用电量比重变化如图 2-6 所示。

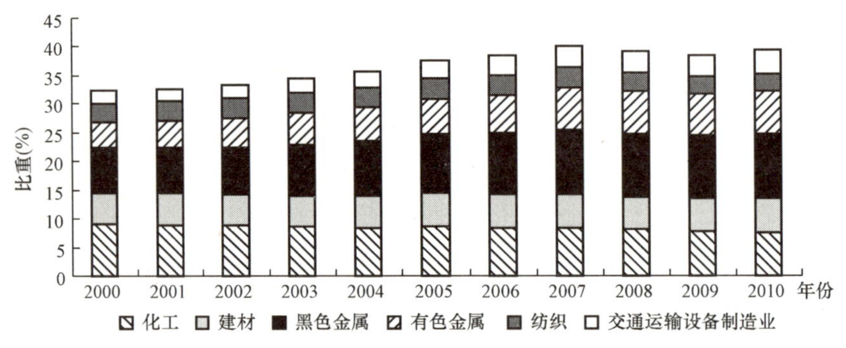

图 2-6　2000 年以来重点行业用电量比重变化

2.2　分地区电力消费实绩

2010 年，在高耗能行业生产快速恢复的带动下，西北地区用电量增速明显反弹，达到 18.7%；承接东部地区产业转移拉动华中地区用电量快速增长，2010 年用电量增速达到 15.5%；华东地区由于外贸形势明显好转，用电量增速达到 14.8%，增速比 2009 年提高了 8.8 个百分点；华北地区用电量增速也达到了 14.1%的较快增速；南方地区年初严重干旱，11 月因亚运会的举办对部分高耗能行业用电量进行了限制，全年用电量增长仅为 12.9%，低于全国平均水平 1.7 个百分点；东北地区用电继续低于全国平均水平。2010 年全国分地区用电量如表2-2所示。

表2-2　　2010年全国分地区用电量

地区	2005年电量(亿kW·h)	2005年比重(%)	2010年电量(亿kW·h)	2010年增速(%)	2010年比重(%)	"十一五"年均增速(%)	"十一五"比重变化(%)
全国	24 781	100	41 923	14.6	100	11.1	0.0
华北	5983	24.1	10 415	14.1	24.8	11.7	0.7
东北	2045	8.3	3029	12.5	7.2	8.2	−1.1
华东	6096	24.6	10 363	14.8	24.7	11.2	0.1
华中	4498	18.2	7732	15.5	18.4	11.4	0.2
西北	1825	7.4	3316	18.7	7.9	12.7	0.5
南方	4323	17.4	7047	12.9	16.8	10.3	−0.6

"十一五"期间，受高耗能行业快速发展的影响，西北地区用电量年均增长12.7%，位居各地区之首；其次是华北、华中地区，用电量分别增长了11.7%和11.4%；华东地区用电量增速居第四位，达到11.2%；南方地区由于广东用电增长趋缓，年均用电量增速为10.3%；东北地区用电量增速较慢。用电量增速的变化反映了高耗能行业逐渐向中、西部进行转移。"十一五"期间，东北、南方地区用电量比重分别下降了1.0、0.6个百分点，而华北、华东、华中、西北地区用电量比重分别上升了0.7、0.1、0.3、0.5个百分点。

2010年，用电量增长较快的省（区）主要位于中、西部地区，包括青海（465亿kW·h，37.9%）、内蒙古（1530亿kW·h，18.8%）、新疆（648亿kW·h，18.2%）、宁夏（547亿kW·h，18.2%）和海南（158亿kW·h，18.1%）；北京（800亿kW·h，8.2%）和黑龙江（740亿kW·h，7.5%）是用电量增长最慢的省（市）。2010年，全国有16个省（区、市）用电量超过1000亿kW·h，比2009年增加了两个省（安徽、云南）。2010年各省（区、市）用电量增速如图2-7

所示。

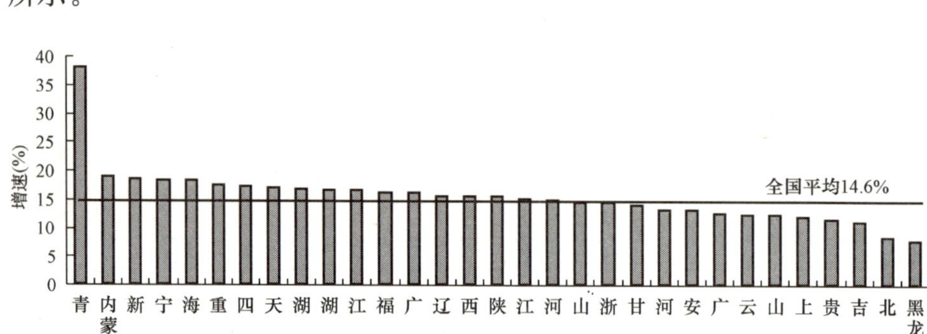

图 2-7 2010 年各省（区、市）用电量增速

由于节能减排力度的不断加大和电煤供应不足，自 2010 年 9 月以来，先后有河南、广西、贵州、安徽、贵州、青海、宁夏、山西、内蒙古、辽宁、山东、陕西等省（区）用电量出现负增长。

2.3 用电负荷及负荷特性

2010 年，各区域电网统调负荷增速均低于统调用电量增速，如图 2-8 所示。其中，华北、东北、西北、南方电网统调负荷分别达到 14 729 万、4318 万、4255 万、10 436 万 kW，分别比 2009 年增长了 15.1%、10.5%、12.4%、8.8%，负荷增速明显小于统调电量的增速，反映了工业负荷在 2010 年明显回升。华东、华中电网统调负荷分别达到 16 606 万、11 118 万 kW，最大负荷分别比 2009 年增长了 15.4%、17.5%，统调负荷与统调用电量的增速比较接近。

根据电网的整点负荷数据分析，2010 年各区域电网的负荷特性总体呈现出以下特点：一是电网年均日负荷率明显提高；二是除华中电网外，其余电网最大负荷利用小时数均有所提高；三是最小负荷率明显提高。2009—2010 年区域电网的负荷特性指标见表 2-3。

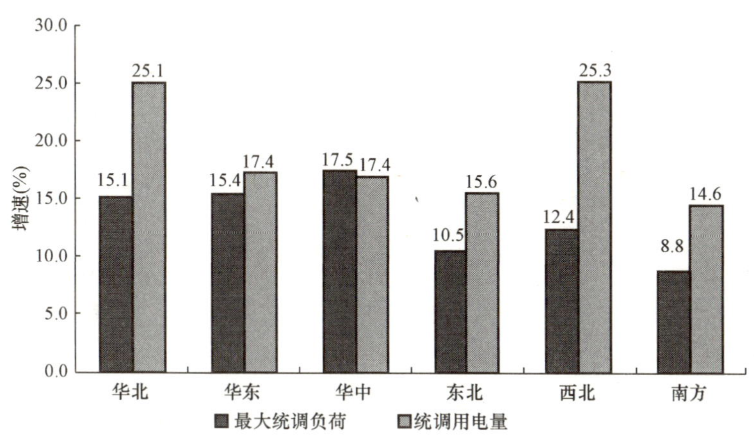

图2-8　2010年各区域电网统调用电负荷和用电量增速对比

数据来源：国家电网公司报表。

表2-3　2009—2010年区域电网的负荷特性指标

区域	2009年				2010年			
	最大负荷（万kW）	年平均日负荷率	最大负荷利用小时数（h）	日最小负荷率	最大负荷（万kW）	年平均日负荷率	最大负荷利用小时数	日最小负荷率
华北	12 798	0.875	6322	0.754	14 729	0.886	6516	0.771
东北	3908	0.876	6327	0.767	4318	0.895	6631	0.796
华东	14 385	0.887	5737	0.775	16 606	0.894	5866	0.776
华中	9461	0.862	6017	0.717	11 118	0.871	6009	0.739
西北	3787	0.897	6160	0.806	4255	0.909	7189	0.830
南方	9590	—	5984	—	10 436	—	6111	—

数据来源：最大负荷来自于国家电网公司报表，负荷特性指标根据各公司上报的负荷数据计算。

应用国家电网公司电力供需研究实验室（简称电力供需研究实验室）对空调负荷进行测算，2010年夏季，国家电网公司经营区域降温负荷约为1亿kW，占最大负荷[1]的20.2%左右，发生在7月，具

[1] 此处的最大负荷为各区域电网整点负荷数据的叠加，与旬报数据有差异。

体见表 2-4。

其中，华东、华中电网降温负荷较大，分别达到 5203 万、3425 万 kW，占本电网统调最大负荷的 30%以上；其次是华北电网，降温负荷约为 2380 万 kW，占 16.2%左右；东北、西北电网降温负荷较小，约为 448 万、164 万 kW，分别占 11.2%、6.0%。

表 2-4　2010 年 6—8 月国家电网公司经营区域降温负荷分析

区域	降温负荷（万 kW）				降温负荷比重（%）			
	6 月	7 月	8 月	夏季	6 月	7 月	8 月	夏季
华北	1374	2380	1340	2380	9.3	16.2	9.1	16.2
东北	448	259	199	448	11.2	6.5	5.0	11.2
华东	2503	4416	5203	5203	15.1	26.6	31.3	31.3
华中	1520	2945	3425	3425	13.7	26.5	30.8	30.8
西北	164	32	0	164	5.0	1.0	0.0	5.0
各区域电网合计	5766	10 019	9853	10 019	11.6	20.2	19.9	20.2

数据来源：根据各公司上报的负荷数据，运用电力供需研究实验室空调负荷模块测算。

降温用电绝大部分时间都位于电网负荷高峰期，对最大负荷的影响大于对用电量的影响。经电力供需研究实验室测算，2010 年 6—8 月，国家电网公司经营区域的降温用电量分别为 72.1 亿、292.8 亿、371.4 亿 kW·h，合计达到 736.3 亿 kW·h，占同期全社会用电量的比重为 8.1%，对 2010 年夏季用电量增长的拉动率为 2.5 个百分点，贡献率为 9.3%，具体见表 2-5。

分区域电网来看，华北、东北、华东、华中、西北电网的空调用电量分别为 107.1 亿、17.8 亿、403 亿、168.7 亿、1.2 亿 kW·h，占本网全社会用电量的比重分别达到 4.5%、2.2%、13.7%、8.1%、0.1%，对全社会用电量增长的拉动率分别为 0.3、1.1、6.3、0.2、0 个百分点。

表 2-5 2010年6—8月国家电网公司经营区域降温用电量分析

区域	降温用电量（亿kW·h）				对全社会用电量增长的拉动率（%）				占全社会用电量的比重（%）			
	6月	7月	8月	合计	6月	7月	8月	合计	6月	7月	8月	合计
华北	15.2	59.0	32.9	107.1	0.3	2.2	−1.5	0.3	2.0	7.2	4.1	4.5
东北	6.4	5.2	6.2	17.8	2.7	1.3	−0.6	1.1	2.4	1.9	2.2	2.2
华东	29.4	150.0	223.6	403.0	0.1	4.4	13.6	6.3	3.4	15.0	20.8	13.7
华中	10.5	63.4	94.8	168.7	−2.4	−1.0	3.7	0.2	1.6	9.0	12.9	8.1
西北	0.8	0.2	0.2	1.2	0.3	−0.3	0.0	0.0	0.3	0.1	0.1	0.1
各区域电网合计	72.1	292.8	371.4	736.3	0.1	2.1	5.1	2.5	2.6	9.5	11.7	8.1

数据来源：根据各公司上报的负荷数据，运用电力供需研究实验室空调负荷模块测算。

3

2010 年电力供应分析

3.1 电源建设

3.1.1 装机容量

2010 年，全国电源投资 3641 亿元，比 2009 年下降了 4.3%，表明新开工建设容量趋于下降。全年新增 6000kW 及以上装机容量达 9127 万 kW，其中，水电 1661 万 kW，占 18.2%；火电 5872 万 kW，占 64.4%；核电 174 万 kW，占 1.9%；风电 1399 万 kW，占 15.3%；其他 21 万 kW，占 0.2%。2010 年全国新增装机容量分类结构见图 3-1。

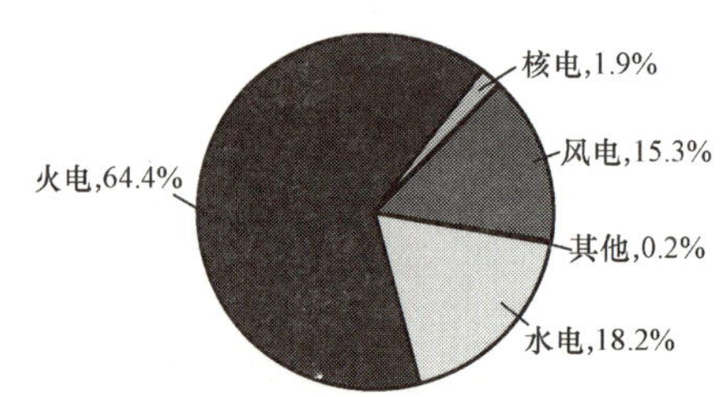

图 3-1　2010 年全国新增装机容量分类结构

新增装机中，核电、风电增长较快，火电新增容量有所下降。2010 年，全国新增装机容量相比 2009 年增加了 157 万 kW，主要是核电、风电新增装机容量增加较多，分别同比增加了 174 万、502 万 kW；水电、火电新增装机容量相比 2009 年分别下降了 328 万、204 万 kW，具体见图 3-2。

水电开发步伐加快，装机容量突破 2 亿 kW，西藏藏木水电站及金沙江中下游一批水电工程陆续核准开工。火电继续向着大容量、高参数、环保型方向发展，2010 年底全国在运百万千瓦超超临界火电机组已经达到 33 台。岭澳核电站二期工程 1 号机组建成投产，加上秦山核电站二期工程 3 号机组的投运，在运核电装机容量突破 1000 万 kW。国内首

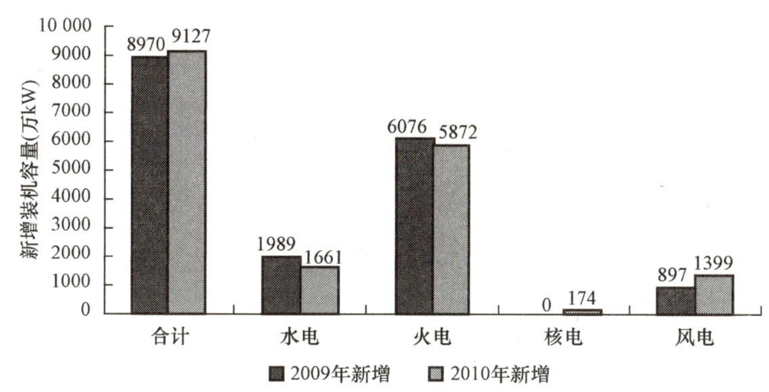

图3-2 2010年全国新增装机容量变化

个特许权招标示范项目（中广核敦煌1万kW光伏电站）正式投产。

分地区来看，华北地区新增装机容量最多，为2027万kW，占22.2%；其次是华东地区，新增装机容量为1833万kW，占20.1%；南方、西北、华中、东北地区新增装机容量相对较小，分别为1459万、1385万、1346万、1077万kW，分别占16.0%、15.2%、14.7%、11.8%，具体见图3-3。

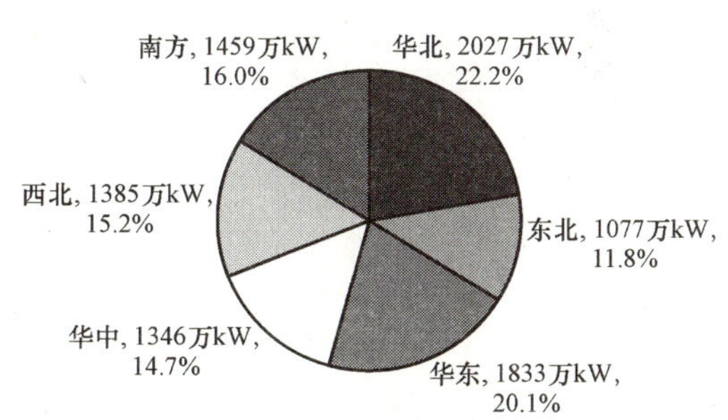

图3-3 2010年全国新增装机容量地区分布

“十一五”期间，全国新增装机容量累计达到47 274万kW。2006、2007年新增装机容量均超过1亿kW；自2008年以来，全国每年新增装机容量总体保持在9000万kW左右的水平，具体见图3-4。

分地区来看，“十一五”期间东北、西北、南方地区新增装机容量明显提高，华北、华东、华中地区波动下降。东北、西北、南方地区新增装机容量的比重由2005年的2.6%、7.5%、14.1%提升至

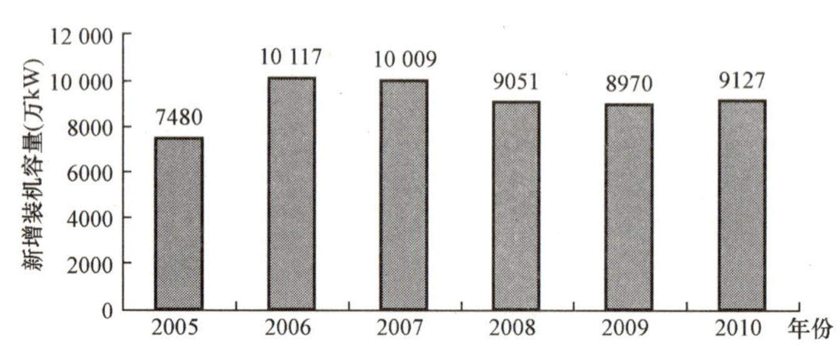

图 3-4 “十一五”期间全国新增装机容量

2010 年的 11.8%、15.2%、16.0%，分别提高了 9.2、7.7、1.9 个百分点；而华北、华东、华中地区 2010 年新增装机容量比重相比 2005 年分别回落了 1.5、15.6、1.6 个百分点。“十一五”期间全国新增装机容量地区分布结构变化见图 3-5。

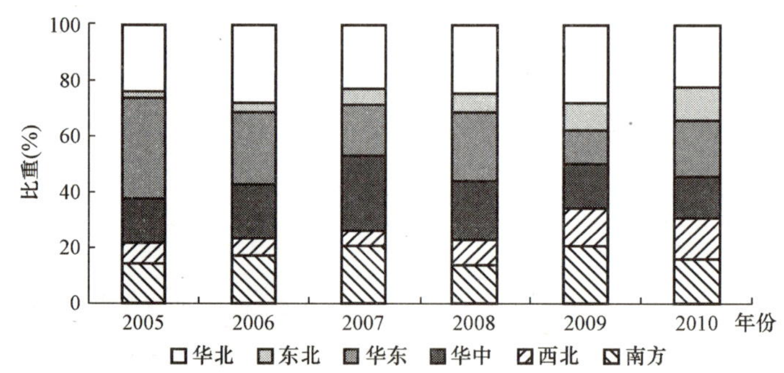

图 3-5 “十一五”期间全国新增装机容量地区分布结构变化

“十一五”期间全国计划关停小火电机组 5000 万 kW，实际关停规模达到 7210 万 kW（具体见图 3-6），按照同等电量由大机组代发计算，每年可节约原煤 8100 万 t，减少二氧化硫排放 140 万 t，减少二氧化碳排放 1.64 亿 t。

考虑退役及机组关停，2010 年底，全国发电装机容量达到 9.6 亿 kW，同比增长 10.1%，“十一五”期间年均增长 13.2%。其中，水电装机容量为 21 340 万 kW，比重达到 22.2%，年均增长

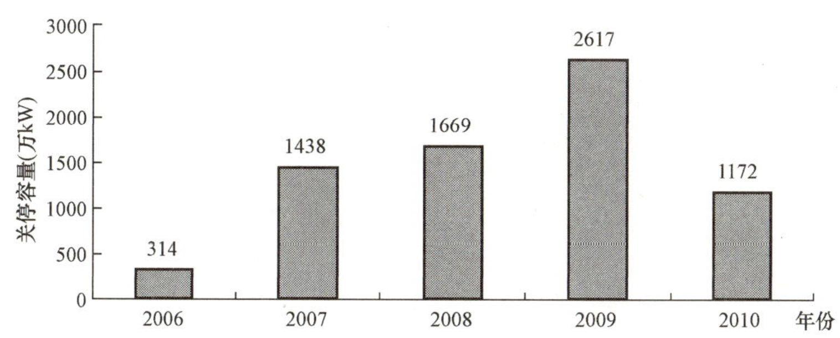

图 3-6 “十一五”期间全国小火电机组关停情况

12.7%；火电装机容量为 70 663 万 kW，比重为 73.4%，年均增长 12.5%；核电装机容量为 1082 万 kW，比重为 1.1%，年均增长 9.6%；风电装机容量为 3107 万 kW，比重为 3.2%，年均增长 96.7%。截至 2010 年底，水电、火电、核电、风电装机容量的比重分别为 22.2%、73.4%、1.1%、3.2%。风电装机容量比重“十一五”期间上升了 3.0 个百分点，而火电装机容量比重下降了 2.2 个百分点，电源结构不断优化。“十一五”期间全国电源结构变化见图 3-7。

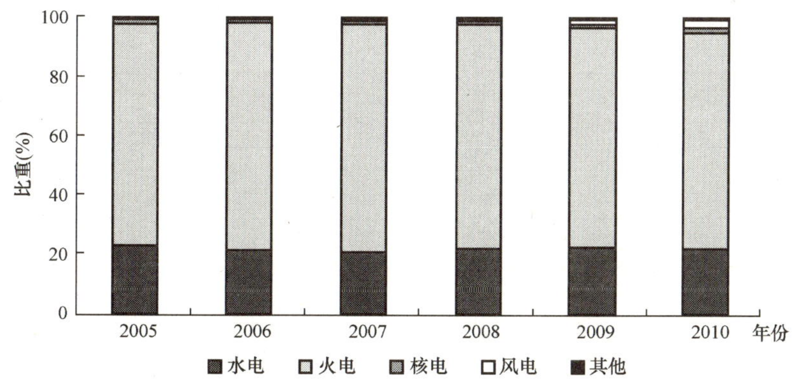

图 3-7 “十一五”期间全国电源结构变化

分地区装机容量来看，2010 年底，华北地区装机容量最大，为 23 010 万 kW，占全国总装机容量的 23.9%；其次是华东、华中、南方地区，装机容量分别达到 20 388 万、19 965 万、16 890 万 kW，分别

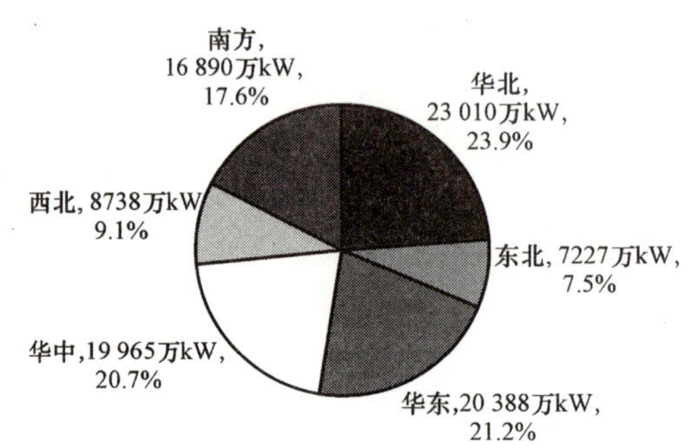

图 3-8 2010 年底全国分地区发电装机容量结构

占 21.2%、20.7%、17.6%；西北、东北地区装机容量相对较小，分别为 8738 万、7227 万 kW，分别占 9.1%、7.5%，具体见图 3-8。

“十一五”期间，华北、西北地区装机容量占全国总装机容量的比重上升了 1.7、1.5 个百分点；华东、东北、华中地区装机容量增长相对较慢，装机容量比重分别下降了 2.7、0.3、0.2 个百分点；南方地区装机容量比重整体变化不大。2010 年全国分类发电装机容量及结构见表 3-1。

表 3-1　　2010 年全国分类发电装机容量及结构

地区	发电装机容量（万 kW）						装机容量比重（%）	
	合计	其中					水电	火电
		水电	火电	核电	风电	其他		
全国	96 219	21 340	70 663	1082	3107	26.2	22.2	73.4
北京	631	105	514		11		16.7	81.5
天津	1094	1	1091		3		0.0	99.7
河北	4215	179	3664		372		4.2	86.9
山西	4429	182	4210		37		4.1	95.1
内蒙古	6372	83	5289		1000		1.3	83.0
辽宁	3228	147	2772		308		4.6	85.9
吉林	2035	427	1387		221		21.0	68.2
黑龙江	1965	94	1679		191		4.8	85.5
上海	1858		1843		14	1.4	0.0	99.2
江苏	6470	114	5998	212	137	9.0	1.8	92.7
浙江	5721	969	4360	367	25	0.7	16.9	76.2

续表

地区	发电装机容量（万kW）						装机容量比重（%）	
	合计	其中					水电	火电
		水电	火电	核电	风电	其他		
安徽	2933	169	2764				5.8	94.2
福建	3405	1111	2245		49	0.5	32.6	65.9
江西	1632	404	1220		8	0.2	24.7	74.7
山东	6268	107	6002		158	1.9	1.7	95.7
河南	5057	365	4687		5		7.2	92.7
湖北	4906	3085	1815		6	0.3	62.9	37.0
湖南	2990	1310	1676		4		43.8	56.1
广东	7089	1217	5293	503	76		17.2	74.7
广西	2515	1490	1025				59.2	40.8
海南	386	71	295		21	0.2	18.3	76.4
重庆	1155	472	679		5	0.2	40.8	58.7
四川	4224	2963	1261				70.1	29.9
贵州	3284	1531	1753				46.6	53.4
云南	3616	2457	1127		29	2.0	68.0	31.2
西藏	66	44	19			2.5	67.1	29.1
陕西	2358	221	2137				9.4	90.6
甘肃	2155	611	1324		219	0.1	28.4	61.5
青海	1262	1068	193				84.7	15.3
宁夏	1291	43	1170		72	7.0	3.3	90.6
新疆	1607	299	1172		136		18.6	72.9

3.1.2 发电量

2010年，全国发电量为42 280亿kW·h，同比增长14.9%，“十一五”期间年均增长11.1%。其中，水电、风电发电量分别为6863亿、501亿kW·h，“十一五”年均分别增长11.6%、104.5%，快于总体发电量增速；火电、核电发电量分别为34 145亿、768亿kW·h，年均分别增长 10.8%、7.7%，落后于总体发电量增速。2000 年以来全国发电量及增速见图 3-9。

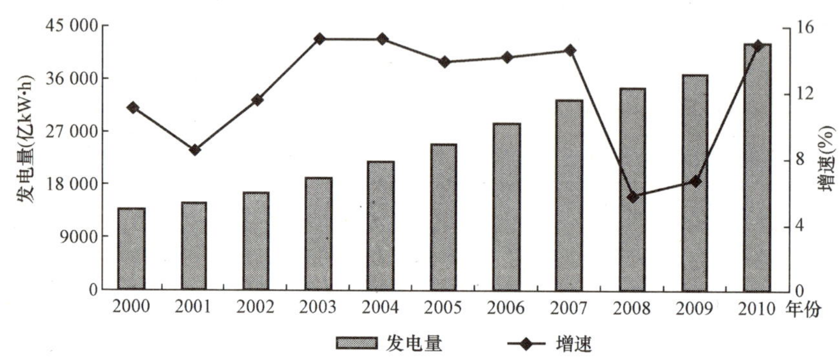

图 3-9　2000 年以来全国发电量及增速

由于水电、风电增长较快，其在发电量中的比重呈上升趋势，2010 年分别为 16.2%、1.2%，相比 2005 年分别提高了 0.4、1.1 个百分点；火电发电量增长相对缓慢，2010 年火电发电量占全部发电量的比重为 80.8%，相比 2005 年下降了 1.1 个百分点；核电装机在“十一五”期间新增规模较小，导致发电量增速相对较低，核电发电量比重在“十一五”期间下降了 0.3 个百分点。“十一五”期间全国发电量分类结构见图 3-10，2010 年全国分类发电量及增速见表 3-2。

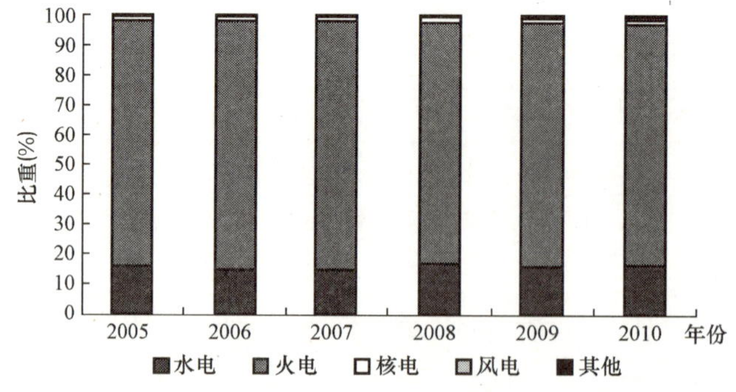

图 3-10　“十一五”期间全国发电量分类结构

表3-2 2010年全国分类发电量及增速

地区	发电量（亿kW·h）			增速（%）		
	总计	其中		总计	其中	
		水电	火电		水电	火电
全国	42 280.15	6863.07	34 145.24	14.9	20.0	13.4
北京	270.02	4.33	262.64	9.3	8.2	9.0
天津	556.15	0.12	555.90	34.7	21.0	34.6
河北	2063.08	8.11	1997.86	17.0	15.9	15.3
山西	2150.56	36.63	2108.39	14.8	66.5	14.0
内蒙古	2605.42	19.69	2411.18	15.8	9.4	12.9
辽宁	1340.25	57.02	1236.24	12.2	78.2	8.9
吉林	658.22	103.22	521.83	20.3	98.5	10.3
黑龙江	790.53	21.60	735.86	8.0	20.0	6.0
上海	943.88	0.00	941.62	20.5		20.4
江苏	3499.29	13.84	3305.17	17.3	361.3	17.0
浙江	2567.44	223.52	2082.48	14.1	47.0	12.3
安徽	1463.31	37.04	1426.27	10.1	27.7	9.8
福建	1360.00	454.50	892.80	16.1	64.7	0.8
江西	639.43	100.72	537.25	22.0	29.1	20.7
山东	3090.85	0.58	3063.57	7.7	−41.6	7.2
河南	2283.84	85.21	2197.55	10.4	3.9	10.7
湖北	2017.03	1245.80	770.56	12.2	6.8	22.3
湖南	1104.63	368.10	736.12	16.0	15.4	16.1
广东	3161.96	281.92	2513.86	18.6	43.1	17.3
广西	1032.57	470.57	562.00	14.1	−1.3	31.3
海南	159.96	18.92	138.39	18.5	−9.9	21.4
重庆	493.40	151.80	341.00	14.7	21.4	11.4

续表

地区	发电量（亿 kW·h）			增速（%）		
	总计	其中		总计	其中	
		水电	火电		水电	火电
四川	1704.37	1139.82	564.55	17.6	20.6	12.0
贵州	1317.30	366.25	951.05	−2.1	−0.2	−2.8
云南	1362.60	819.19	539.91	16.1	31.3	−1.5
西藏	20.41	15.20	3.82	13.4	1.3	191.3
陕西	1032.40	74.57	957.83	22.9	14.7	23.8
甘肃	874.93	262.73	591.35	24.3	4.7	34.1
青海	471.91	363.28	108.63	24.2	33.1	1.5
宁夏	596.70	18.18	565.61	27.5	7.0	26.5
新疆	647.70	100.59	523.95	18.2	24.2	15.9

2010年，天津、宁夏、甘肃、青海、陕西、江西、上海、吉林发电量增速超过20%；各省（区、市）中仅贵州受大旱和节能减排的影响，发电量为负增长（−2.1%）。江苏、吉林、辽宁、山西、福建、浙江、广东水电发电量增长较快，增速均在40%以上；江苏、辽宁主要是小水电机组发电较多；吉林、山西有新增水电机组投产；水电装机容量较大的福建、浙江、广东主要是来水较好。火电发电量增速超过20%的依次有西藏、天津、甘肃、广西、宁夏、陕西、湖北、海南、江西、上海。

3.2 电网建设

2010年，全国电网投资完成3410亿元，比2009年降低了12.5%，比2005年提高了1.23倍。“十一五”期间，全国电网投资累计达到1.48万亿元，年均增速达到17.4%。电网持续快速发展，保证了大规模新增电源接入，有力地支撑了经济社会的快速发展。电网结构不断加强，运行方式更加灵活高效，在用电需求持续快速增长、负荷水平屡创新高、电源大规模集中投产和雨雪冰冻及地震等自然灾害频发的情况下，保证了电网的安全稳定，安全供电水平大幅提高，基本满足了电力需求增长的需要。2000年以来全国电网投资规模及增速见图3-11。

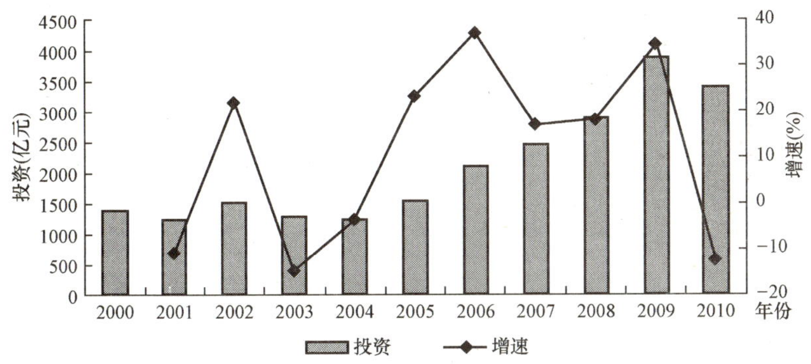

图3-11 2000年以来全国电网投资规模及增速

电网基建新增规模大幅提升。2010年，全国基建新增220kV及以上交、直流输电线路合计43 224km，新增220kV及以上变电设备容量为2.58亿kV·A，相比2005年水平，分别增长了71.8%、108.8%，“十一五”期间年均增长11.4%、15.9%，具体见图3-12。

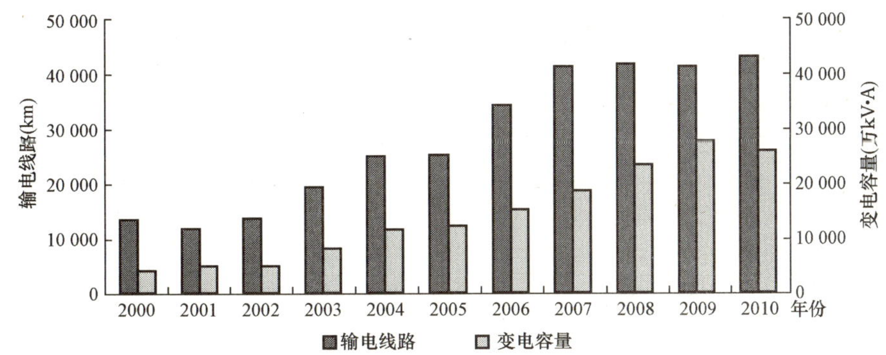

图3-12 2000年以来全国新增220kV及以上输电线路、变电容量

注：2003年无统计数据，此处为插值数据。

截至 2010 年底，全国电网 220kV 及以上输电线路回路长度、公用变设备容量分别为 44.27 万 km、19.74 亿 kV·A。其中，500kV 等级线路回路长度、公用变设备容量分别为 13.20 万 km、6.98 亿 kV·A，分别占 29.8%、35.4%。

2010 年，全国完成跨区送电量 1492 亿 kW·h，比 2009 年增长了 21.7%；三峡电厂在全年没有新增产能的情况下，全年送出电量 834 亿 kW·h，增长 5.5%；受干旱影响，西南水电出力不足，南方电网“西电东送”电量负增长；京津唐电网跨省输出电量保持平稳增长；进口电量比 2009 年明显下降，出口电量比 2009 年增加。

2010 年，云南—广东及向家坝—上海±800kV 特高压直流输电工程建成投运，为世界特高压直流输电技术的最高水平，将我国电网技术提升到了新的台阶。±500kV 呼伦贝尔—辽宁直流输电工程、±660kV 宁东—山东直流极Ⅰ系统及新疆与西北 750kV 联网等一批跨区跨省重点工程建成投运，多座 500kV 智能变电站正式投运，进一步提升了电网更大范围优化配置能源资源的能力。青藏电网联网工程开工，工程建成后将彻底解决西藏缺电问题。

4

2010 年电力供需分析

4.1 全国电力供需形势

4.1.1 2010 年电力供需形势

2010 年，全国电力供需总体平衡，但受电煤供应和来水等因素的影响，部分地区在年初、迎峰度夏及年末电力供需紧张。

1 月，受缺煤停机和机组非计划停运的影响，京津唐、河北、山西、山东、上海、江苏、浙江、湖北、河南、重庆、辽宁、蒙东等 12 个省级电网采取了有序用电措施；受严重旱情的影响，广西、云南电网电力供应紧张，广东电网电力供应偏紧；因缺少电源，西藏藏中电网电力供需形势紧张。

迎峰度夏期间，受电煤供应不足和降温负荷飙升的影响，河北南、山东、北京、上海、江苏、浙江、安徽、广东等 8 个省级电网实施有序用电措施，电力供需偏紧。

11、12 月，电煤供需矛盾凸显，再加上低温雨雪天气导致部分线路电煤运力不足，山西、山东、湖北、河南、江西、湖南、重庆、陕西、甘肃、广西、云南等省（市）采取错避峰措施，电力供需偏紧。西藏继续对工业负荷采取限电措施。

分省（区、市）来看，2010 年全国有 15 个省（区、市）火电设备利用小时数高于全国平均水平，其中，宁夏最大，为 6214h；其后依次是江苏、青海、贵州、河北、广西、新疆、天津、安徽、山西、浙江、山东、河南、北京、重庆。各省（区、市）中，火电设备利用小时数最低的是西藏，仅有 2337h，其他各省（区、市）火电设备利用小时数均在 4000h 以上，具体见表 4-1 和图 4-1。

表 4-1　2010 年全国分类发电设备利用小时数及变化　h

省（区、市）	发电设备利用小时数			比 2009 年变化		
	总计	其中		总计	其中	
		水电	火电		水电	火电
全国	4660	3429	5031	114	101	166
北京	4261	413	5055	111	−5	87
天津	5237		5239	104	0	106
河北	5091	382	5462	65	45	109
山西	5060	2120	5211	174	339	224
内蒙古	4202	2360	4559	−121	242	−21
辽宁	4639	3990	4916	−371	1776	−457
吉林	3776	2466	4514	−11	1170	−503
黑龙江	4086	2232	4385	54	462	128
上海	4812		4829	216	0	227
江苏	5573	1160	5647	258	994	236
浙江	4894	2120	5203	361	625	329
安徽	5085	1935	5235	312	387	301
福建	4253	4079	4352	8	1576	−667
江西	4129	2756	4392	103	867	−118
山东	5041		5178	120	−8	137
河南	4856	2287	5071	391	−370	489
湖北	4289	4167	4507	152	127	176
湖南	3972	3150	4577	190	137	354
广东	4833	2237	4967	45	245	71
广西	4168	3266	5347	502	−192	1426

续表

省（区、市）	发电设备利用小时数			比2009年变化		
	总计	其中		总计	其中	
		水电	火电		水电	火电
海南	4235	2763	4670	708	－22	1002
重庆	4423	3351	5051	323	－436	828
四川	4258	4137	4506	－250	－649	458
贵州	4133	2388	5560	－571	－814	－54
云南	4197	3889	4774	－18	336	－511
西藏	3246	3452	2337	133	61	1048
陕西	4583	3317	4700	495	－82	549
甘肃	4410	4376	4665	125	92	223
青海	4501	4244	5615	287	364	256
宁夏	5842	4245	6214	704	149	947
新疆	4862	3953	5326	－178	393	－374

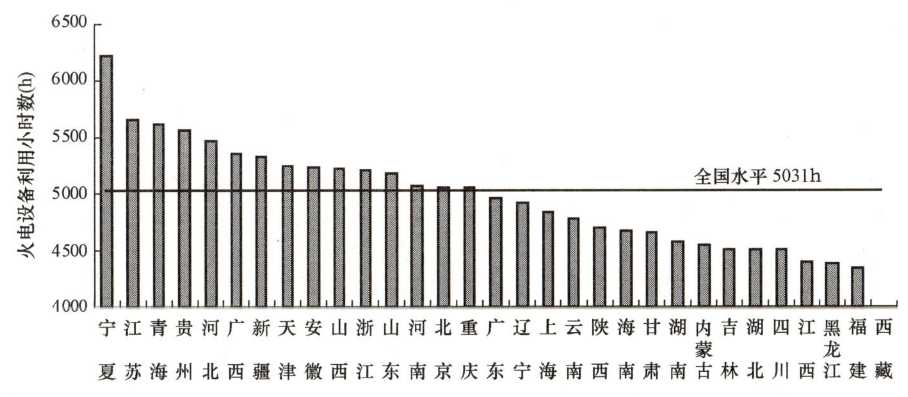

图4-1 2010年各省（区、市）火电设备利用小时数

4.1.2 “十一五”期间全国电力供需形势演变

“十一五”期间全国电力供需经历了由紧到松再趋于平衡的历程。2006—2007年，全社会用电量高速增长，分别比2005、2006年增长

14.5%、14.8%；与此同时，电力建设突飞猛进，每年新增电力装机容量均超过1亿kW，扣除小火电关停容量后，电力装机容量分别比2005、2006年增长20.6%、15.2%。大量电源项目集中投产，有效提高了电力供应能力，电力供需紧张形势明显缓解。发电设备利用小时数由2005年的5425h下降到2007年的5011h。随着电源性缺电矛盾的缓解，电力供需受电煤供应、天气、水库来水、大机组异常等不确定因素影响相对明显。

2008—2009年，受国际金融危机的影响，全国用电量自2008年10月开始负增长，直到2009年6月才转为正增长，2008、2009年全国用电量分别仅增长5.5%、6.4%；而装机容量继续保持较快增长，每年新增装机容量分别达到9000万kW以上，扣除小火电关停容量，装机容量分别比2007、2008年增长10.3%和10.3%。2009年，全国发电设备利用小时数进一步下降到4537h。虽然装机容量增长远远高于用电量增长，但是受电煤供应不足和冰灾、地震等自然灾害的影响，京津唐、河北、山西、山东、辽宁、上海、江苏、浙江、安徽、福建、河南、湖北、湖南、江西、四川、重庆、陕西、西藏、广东、广西、云南、贵州和海南等23个电网先后出现了不同程度的电力供需紧张形势，电煤供应紧张成为影响电力供需的主要因素。

2010年，全国电力供需总体平衡，局部地区部分时段因电煤供应不足和极端气候影响电力供应偏紧。全年发电设备利用小时数达到4660h，比2009年提高了114h；其中，火电设备利用小时数达到5031h，比2009年提高了166h。2000年以来全国发电设备利用小时数变化见图4-2。

4.1.3 “十一五”期间导致电力供需紧张的主要因素分析

(1) 电煤成为决定电力供需能否平衡的关键因素。

近年来，随着我国电力装机容量的快速增长，装机容量对电力供

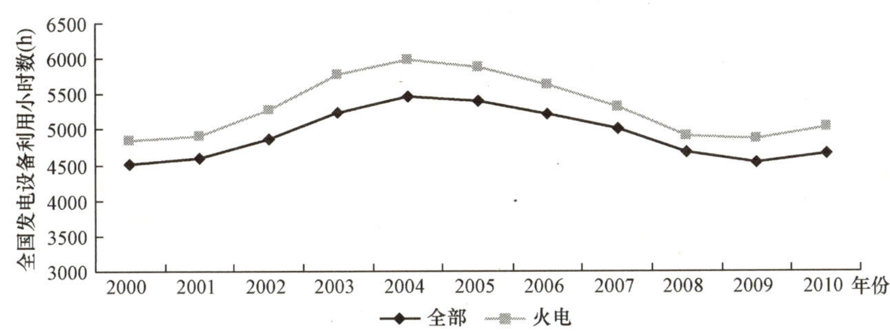

图 4-2 2000 年以来全国发电设备利用小时数变化

应的瓶颈约束明显减弱，电煤逐渐成为影响我国电力供应的主导因素。电煤导致电力供需紧张的原因很多，其中电源结构、电源布局、运输瓶颈和价格机制是主因。

电源结构对电煤依赖度高。我国火电装机容量占75%左右，火电发电量占全部发电量的80%左右。近年来，火电装机容量和火力发电量的快速增长，拉动了电煤消费的大幅上升。尽管通过加强管理、上大压小等措施，我国发电煤耗逐年下降，但由于我国仍处于工业化、城镇化加速发展时期，电煤需求仍保持了较快增长。据国网能源院测算，预计2010年全国电力行业用煤达到17.3亿t，“十一五”期间年均增长9.1%，发电用煤仍呈快速增长态势。

我国现有的运输体系尚无法满足电煤大规模运输的需求。2010年，东部地区的火力发电量占46.1%，我国东部负荷中心煤炭资源匮乏（2009年东部煤炭产量仅占9.6%），大量电煤需从中、西部运输供应。“十一五”前四年，我国煤炭的平均运距增加了44km，增长了7.4%；2010年煤炭占我国铁路货运量的55.1%，比2005年提高了约4个百分点；通过铁路运输的煤炭占全国煤炭产量的比重达到64.5%，提高了5个百分点。能源配置过度依赖输煤的趋势还在发展，但我国铁路运力不足以支撑快速增长的电煤运输要求。此外，山西、河南等地进行煤炭资源整合，对煤炭产能造成实际影响，使得现有运输体系无法适应内蒙古、陕西等地煤炭产量大量增长的需求，近期京藏铁路大堵车便是这种情况的集中体现。各地区火力发电量与煤炭产量比重的对比见图 4-3。

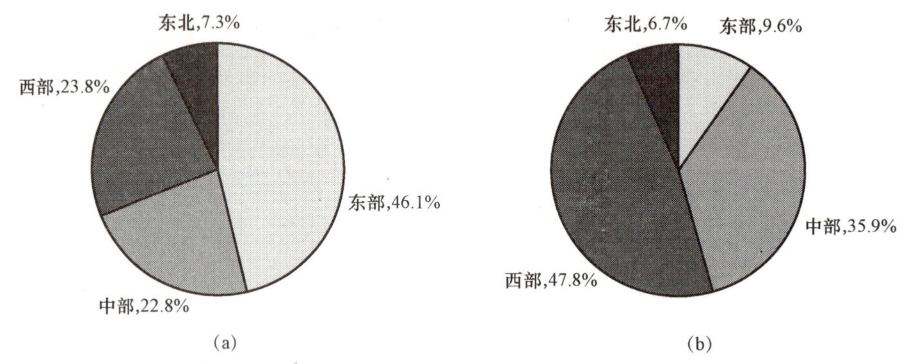

图 4-3　各地区火力发电量与煤炭产量比重的对比

(a) 2010 年火电发电量；(b) 2009 年煤炭产量

市场煤与计划电之间的矛盾不断积累。由于市场煤与计划电的存在，发电企业与煤炭企业经常谈不拢，即使是谈拢的“重点电煤合同”也存在兑现难的问题。煤价过高导致火力发电成本急剧上升，近年来发电企业亏损面逐渐增大，发电意愿明显下降，机组非计划停运现象逐渐增多，长此以往将不利于电力行业的健康发展，进而影响整个国民经济的发展。

（2）极端天气对电力供需产生较大的影响。

2008 年 1—2 月，我国南方地区遭受五十年一遇的特大冰雪灾害。冰灾期间，线路实际覆冰厚度大大高于覆冰设计标准，导致电网设备严重损坏，湖南、江西、重庆、广东、广西、云南和贵州等 20 个省（区、市）出现电力供需紧张局面，全国电力缺口超过 3000 万 kW，部分电网与主网解列，给生产生活带来了较大影响。

2010年初，西南地区发生严重旱灾，加上电煤供应不足，广西、贵州、云南、湖北、云南、江西、重庆等省（区、市）电力供应紧张。进入夏季，高温热浪和暴雨洪水轮番来袭。华东、南方大部分地区出现持续高温天气，用电量需求不断攀升，京津唐、河北、山东、上海、江苏、浙江、安徽、河南、重庆、广东等电网高峰时段电力供需偏紧。东北、西南、西北地区出现严重的洪涝和泥石流灾害，造成生命财产、大量电网设施受损。

4.2 分地区电力供需形势

我国幅员辽阔，各地的自然资源、经济发展状况存在较大的差异，因此各地的电力供需状况差别很大，总体特点是负荷中心电力供应偏紧、能源基地电力供应相对宽松。但由于电煤价格企高，近年来，山西、陕西等煤炭基地也出现因电煤供应不足导致的电力供需紧张局面。

4.2.1 华北电网

2010年，华北电网局部地区部分时段电力供应紧张，全年发电设备利用小时数为4808h，比2009年上升了54h；其中火电设备利用小时数为5075h，比2009年上升了109h。1、4月，京津唐电网因需求快速增长和电煤供应不足，电力供应紧张；河北南网1、4、12月因电煤供应不足，11月因节能减排限制火电厂发电出现电力供应偏紧，其余时段电力供需平衡；山西电网1、11、12月受电煤供应不足影响，电力供应紧张，其余时段电力供需平衡略有富余；山东电网1、11、12月受电煤不足影响，6—8月份受高温天气影响，电力供需紧张。2000年以来华北电网发电设备利用小时数变化见图4-4。

4.2.2 华东电网

2010年，华东电网夏季、冬季大负荷期间电力供需偏紧，全年发电设备利用小时数为5027h，比2009年上升了217h；其中火电设

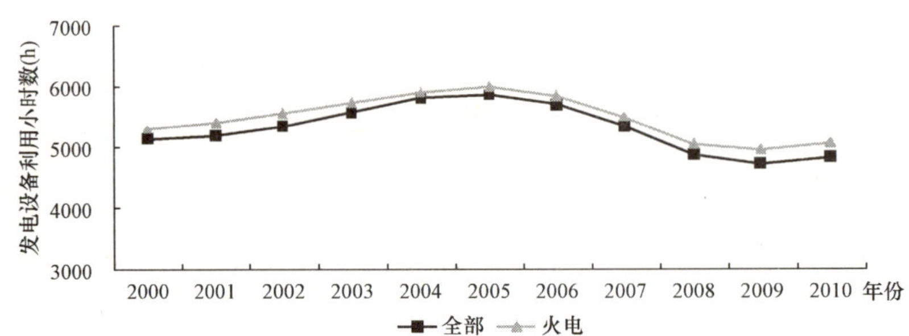

图 4-4 2000 年以来华北电网发电设备利用小时数变化

备利用小时数为 5216h，比 2009 年上升了 119h。上海电网由于世博保电措施到位，跨区跨省资源调度力度加大，电力供需总体平衡；江苏电网 1、7、8 月电力供需偏紧；浙江电网 1 月因电煤供应不足、8 月受高温影响，电力供应紧张；安徽电网 8 月因高温影响，电力供应偏紧，其余时段电力供需平衡；福建电网大部分时段电力供需平衡有余。2000 年以来华东电网发电设备利用小时数变化见图 4-5。

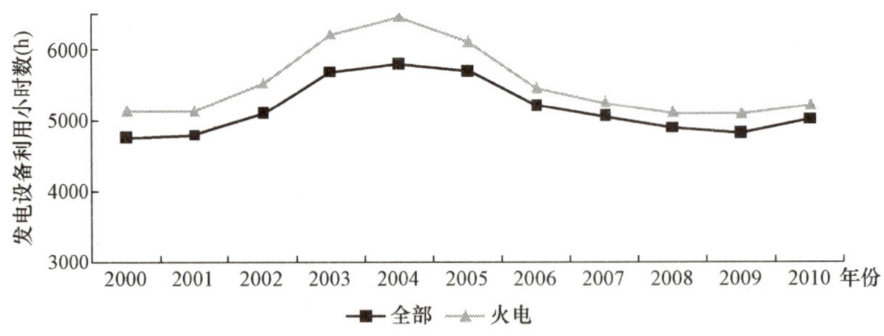

图 4-5 2000 年以来华东电网发电设备利用小时数变化

4.2.3 华中电网

2010 年，华中电网枯水期电力供应紧张，年末供需形势更加严峻，全年发电设备利用小时数为 4372h，比 2009 年上升了 209h；其中火电设备利用小时数为 4765h，比 2009 年上升了 346h。1 月，由于负荷增长迅猛，受电煤供应短缺的影响，华中电网出现电力供需紧张形势，最大限电 765 万 kW；11、12 月，受电煤供应不足和节能减排的影响，电力供需形势再度紧张，12 月华中地区最大限电负荷达到 776 万 kW。

其中，河南电网 1、4 月受电煤供应紧张的影响，局部出现电力短缺；12 月因电煤供应不足和机组缺陷，最大错避峰电力 484 万 kW，电力供需紧张。湖北、湖南、江西、重庆电网 1 月因来水偏枯，电煤供应短缺，电力供应紧张；12 月电煤供应再度紧张，四省（市）电力供需紧张，均采取错避峰措施，最大限电负荷分别为 211 万、89 万、16 万、78 万 kW。四川电网电力供需基本平衡。2000 年以来华中电网发电设备利用小时数变化见图 4-6。

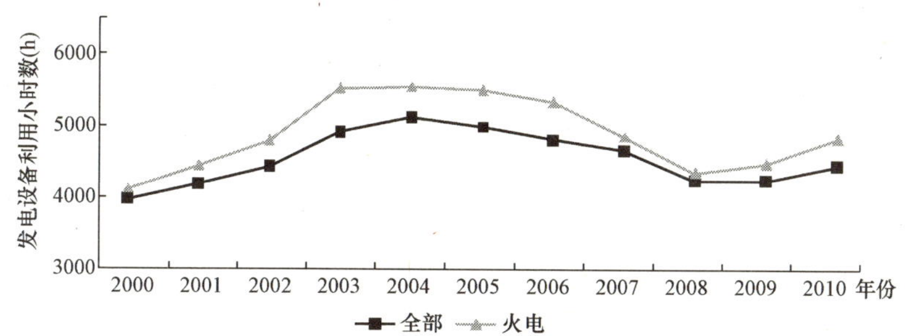

图 4-6　2000 年以来华中电网发电设备利用小时数变化

4.2.4　东北电网

2010 年，东北电网电力供需平衡有余，全年发电设备利用小时数为 4247h，比 2009 年下降了 136h；其中火电设备利用小时数为 4662h，比 2009 年下降了 253h。受缺煤停机和天气寒冷的影响，辽宁电网 1、4 月电力供应偏紧，其余时段电力供需平衡；吉林、黑龙江蒙东电网电力供需平衡有余。2000 年以来东北电网发电设备利用小时数变化见图 4-7。

4.2.5　西北电网

2010 年，西北电网电力供需平衡有余，部分时段紧张，全年发电设备利用小时数为 4744h，比 2009 年上升了 341h；其中火电设备

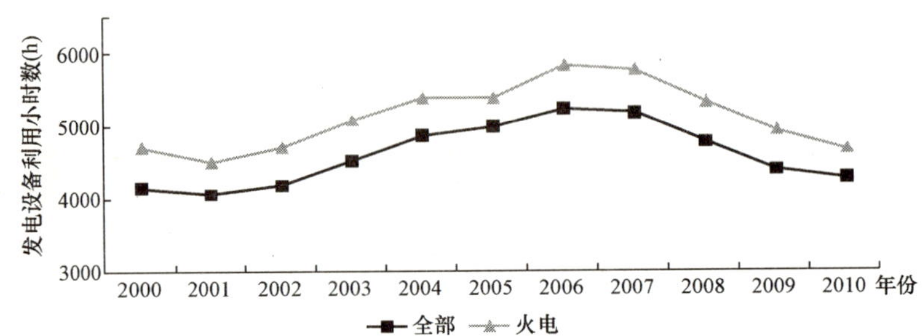

图 4-7　2000 年以来东北电网发电设备利用小时数变化

利用小时数为 5094h，比 2009 年上升了 426h。12 月，陕西、甘肃电网受电煤供应不足的影响，分别限电 260 万、153 万 kW，电力供需紧张，其余时段电力供需平衡有余。青海电网枯水季节有电力缺口，其余时段电力供应有富余。宁夏电网电力供应有富余。2000 年以来西北电网发电设备利用小时数变化见图 4-8。

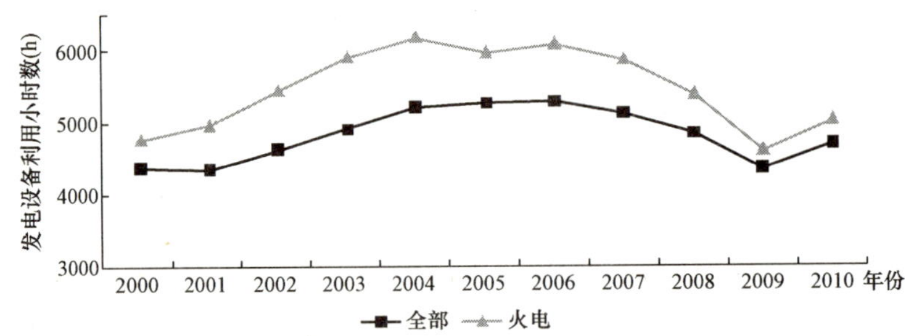

图 4-8　2000 年以来西北电网发电设备利用小时数变化

2010 年，西藏电网电力供需紧张。由于装机不足，西藏电网在冬季持续对工业负荷采取限电措施，12 月最大错避峰电力 10 万 kW。

4.2.6　南方电网

2010 年，南方电网电力供需偏紧，全年发电设备利用小时数为 4443h，比 2009 年下降了 19h；其中火电设备利用小时数为 5087h，比 2009 年上升了 244h。年初，广东电网因负荷上升较快及西电东送电量减少，电力供需偏紧；迎峰度夏期间电力供需偏紧，其余时段电力供需基本平衡。广西电网电力供需总体平衡，年末受亚运会和节能减排的影响，电力供需偏紧。云南、贵州电网年初因旱情严重，电力供应持续紧张，直到4月下旬出现降水后，电力供需紧张形势得以缓解，年末受亚运会和节能减排的影响，电力供应偏紧。海南电网电力供需平衡。2000年以来南方电网发电设备利用小时数变化见图4-9。

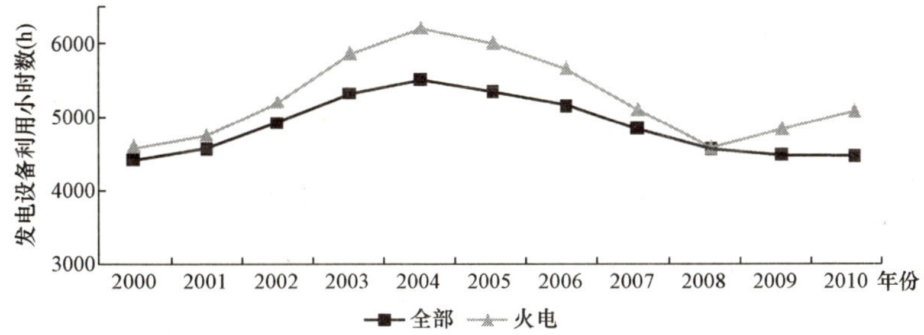

图4-9 2000年以来南方电网发电设备利用小时数变化

5 影响近期电力需求的主要因素分析

5.1 世界经济发展

全球经济在经历了2009年的衰退和2010年的反弹后，2011年增速将会出现放缓迹象，而且面临的不确定性增强。长期以来全球经济中累积的深层次问题逐渐暴露，至今仍处于逐步调整之中。例如，发达国家高消费和高福利所形成的政府债务、新兴发展中国家较高的外贸依存度等问题都有待于进一步解决。周期性与结构性问题交叉，增大了世界经济复苏的复杂性。2010年下半年以来，各国联手出台的经济刺激政策效应已经减弱，世界经济由"政策拉动的快速回升期"进入"低速增长期"。

国际货币基金组织（IMF）在2011年4月发布的全球经济展望中将2011年全球经济增长预期从此前的4.2%上调至4.4%。全球经济正面临着一个双轨复苏的过程，发达经济体和新兴经济体之间的经济增长表现仍将有显著差异。2011年，新兴经济体增长率将达到6.5%，发达经济体增长率预计为2.5%，总体而言，新兴经济体增长形势更为乐观。亚洲发展中国家在中国和印度带领下增长形势较好，仍将是增速最快的地区。此外，南非经济形势看好，有望在将来成为新兴经济体重要力量。受到国内宏观政策逐步收紧和发达国家复苏乏力的影响，新兴经济体2011年增长将有所放缓，并存在通胀风险上升情况下资产价格泡沫持续膨胀等风险。

美国在调整中逐步复苏。在主要发达经济体中，美国经济面临三大问题：一是政府债务比重过高。美国国债已突破 14 万亿美元，接近 14.3 万亿美元的禁发上限。政府的紧缩政策或者债务违约都可能对经济增长造成严重影响。二是失业率居高不下。美国 2010 年的失业率在 9%以上（最低水平为 12 月的 9.4%），直接限制了居民部门经济活动和市场状况的好转。三是房地产市场依然低迷。美国房地产市场已进行了近四年的调整，但未实现实质性复苏，价格依旧呈下跌趋势。上述三大问题直接影响着美国经济的复苏状况。预计美国 2011 年经济增长率在 3%左右。

欧元区受累于债务危机。继希腊之后，爱尔兰债务问题正成为新的焦点，葡萄牙、西班牙和意大利等南欧国家，都面临财政赤字过高的问题。由于欧元区大多数成员国国债都由地区内银行持有，因而债务危机将直接影响欧洲银行体系的稳定性，一旦公共债务危机爆发，将引发欧洲金融危机，对全球金融和经济造成重大冲击。预计 2011 年欧元区经济增长 1.5%左右。

日本缓慢复苏。受金融危机的影响，日本经济于 2008 年陷入衰退，直到 2010 年有所好转，当年经济增长率达到 3.9%。然而日本经济未来发展仍面临严重的结构性问题。日本政府财政赤字与公共债务规模过大，已是全球财政危机最为严重的国家。财政赤字占 GDP 的比重从 2007 年的 2.7%上升至 2010 年的 8%，远高于 3%的国际警戒线，而公共债务余额的比重更是从 2007 年的 167%飙升至 2010 年的 199.2%，超出国际警戒线（60%）2 倍以上。此外，日本通货紧缩问题仍很严重，拖累投资和就业增长。短期来看，日本于 2011 年 3 月 11 日遭受强震袭击，经济受到重创，而日本政府为维护市场运行已投入 40 万亿日元，不仅使其政府财政负担显著加重，而且也增加了今后全球通货膨胀形势的不确定性。受此影响，日本 2011 年经济增长预计 1%左右。

综合来看，2011 年世界经济复苏面临的下行风险主要包括欧元区债务危机、不稳定资本的流动、全球性物价高涨等。其中，主权债务危机的潜在影响最为严重，也使政策选择处于两难境地，为维持财政体系而削减政府支出将会影响经济增长，甚至使经济陷入衰退。因此，克服欧元区的主权信用和金融困境、解决发达国家的财政失衡及修复和改革其金融体系将是 2011 年的政策重点。同时，主要新兴经济体也需要采取措施，缓解经济过热压力和促进外部再平衡。

受发达经济体经济增速放缓、需求降低、贸易保护主义事件频发等因素的影响，预计 2011 年我国对美国、日本、欧盟出口比重将继续下降，而与包括东盟在内的新兴市场和发展中国家的贸易往来将不断加深，同时受国内经济结构调整和发展方式转变影响，出口产品也将向高新技术产业倾斜。

IMF 对主要国家（地区）的经济增长预计见表 5 - 1。

表 5 - 1　IMF 对主要国家（地区）的经济增长预计　%

主要国家（地区）	GDP			CPI			失业率		
	2009 年	2010 年	2011 年	2009 年	2010 年	2011 年	2009 年	2010 年	2011 年
发达经济体	−3.4	3.0	2.4	0.1	1.4	1.3	8.0	8.3	8.2
美国	−2.6	2.8	2.8	−0.3	1.4	1.0	9.3	9.7	9.6
欧元区	−4.1	1.7	1.6	0.3	1.6	1.5	9.4	10.1	10.0
日本	−6.3	3.9	1.4	−1.4	−1.0	−0.3	5.1	5.1	5.0
亚洲新兴经济体	7.2	9.5	8.4	1.3	2.6	2.7	4.3	3.8	3.7
中国	9.2	10.3	9.6	−0.7	3.3	5.0	4.3	4.1	4.0

数据来源：2011 年 4 月国际货币基金组织。

5.2 国内宏观经济政策

2010 年 12 月召开的中央经济工作会议为 2011 年宏观经济政策

定下了基调，即在“基本取向积极稳健、审慎灵活”的前提下，“实施积极的财政政策和稳健的货币政策”，以“增强宏观调控的针对性、灵活性、有效性”。2011 年 3 月召开的“两会”中，政府工作报告进一步明确了 2011 年的政策取向和经济社会发展目标，即实行积极的财政政策和稳健的货币政策，经济增长目标拟定为 8%，并且把“稳定物价总水平”作为 2011 年宏观调控的首要任务。同时，改善民生和调整经济结构将成为今后的发展目标与政策重点。主题为“包容性增长”的博鳌亚洲论坛于 2011 年 4 月召开，胡锦涛主席在开幕式中提出，中国将发挥进口对宏观经济平衡和经济结构调整的重要作用，促进贸易收支基本平衡。中国人民银行行长周小川提出，总体上中国的 CPI 偏高，高出政府工作报告提出的控制目标，因此近期要采取多种方式克服其偏高的问题，货币收紧政策将持续一段时间。未来五年，我国将着力建设资源节约型、环境友好型社会，深入贯彻节约资源和保护环境的基本国策，节约能源，降低温室气体排放强度，发展循环经济，推广低碳技术，积极应对气候变化。

(1) 稳健偏紧的货币政策。

从通胀形势来看，全年 CPI 涨幅或达 4%以上。虽然在国家各种政策效果下，2010 年 12 月 CPI 增速得到一定遏制，但 2011 年物价上涨的推动因素依然强烈。流动性过剩、资源价格改革所引起的成本上升，国际大宗商品价格上涨引发的输入型通胀等都将是推动物价上涨的重要因素，由此所引发的通胀预期也难以在短期内缓解。就物价走势来看，由于上半年物价翘尾因素明显大于下半年，因而全年通胀水平将可能呈现出前高后低的特征。

为应对通胀压力，中国人民银行已把收缩流动性作为首要任务。在调控目标选择上，广义货币供应量（M2）将是主要调控对象。“两会”的政府工作报告中拟定 M2 增速为 16%，根据 2010 年数据和 2011

年经济增长目标，预计 2011 年全年新增信贷量将在 6 万亿～7 万亿元。

政策工具选择方面，存款准备金率、存贷款利率、人民币汇率都可能相机使用。2011 年以来，中国人民银行已两次上调存款准备金率、一次提高存贷款利率。预计 2011 年将会有 2～3 次的加息，整体加息幅度将会达到 50～75 个基点；全年差别准备金率将上调两次左右，法定存款准备金率将会上调三次，合并影响后的调整幅度在 2 个百分点左右。尤其是上半年通胀压力较大的时期，辅以适度提高人民币汇率，“三率”齐发抑制通胀的可能性很大。

无论是提高存款准备金率还是加息，其目的和作用都在于收缩流动性，稳健偏紧的货币政策将有助于压低通胀并挤压资产泡沫，有利于经济结构调整和发展方式转变。然而偏紧的货币政策将对包括电力在内的资本密集型行业产生较大影响。一方面，电力行业资产结构中银行贷款比重较大，加息将会加大贷款成本，侵蚀盈利；另一方面，在通胀高企的情况下，电力价格更容易受到管制而不能轻易调整，这将进一步限制行业利润。

（2）优化支出结构的积极财政政策。

我国将继续实施积极的财政政策，大力发挥财政政策在稳定增长、改善结构、调节分配、促进和谐等方面的作用，以增强消费拉动力和调整优化需求结构。政府工作报告确定，2011 年将进一步优化财政支出结构，加大对“三农”、教育、医疗卫生、社会保障和就业、保障性住房等方面的支持力度，切实保障和改善民生。

2011 年积极财政政策的重点在以下五个方面：一是提高城乡居民收入，扩大居民消费需求；二是合理把握财政赤字和政府公共投资规模，着力优化投资结构；三是调整完善税收政策，促进结构调整和引导居民消费；四是进一步优化财政支出结构，保障和改善民生；五是大力支持经济结构调整和区域协调发展，推动经济发展方式转变。

在上述方针引导下，财政支出将向改善民生和强化发展基础的领域显著倾斜，相关投资力度将不断加大。例如，住房和城乡建设部宣布，未来三年计划全国投资 9000 亿元用于保障性住房，2011 年将建设 1000 万套保障性住房，比 2010 年环比大增 70%，并已将任务目标分解到各地，另外，住房和城乡建设部已给地方保障房建设工作下达了日程表，要求各项保障性安居工程务必在 2011 年 10 月底前全面开工。以政府财政为主导的保障性住房建设对于稳预期控房价、扩内需转方式具有重大意义，也是调整收入分配结构的重要举措。2011 年的中央一号文件《中共中央、国务院关于加快水利改革发展的决定》将水利作为公共财政投入的重点领域。该文件规定，今后将从土地出让收益中提取 10%用于农田水利建设，未来十年，水利总投资将达到 4 万亿元。2011 年中央财政拟投入 9884.5 亿元用于支持“三农”发展。相关投资将有利于推动农村现代化和城乡一体化建设，缩小城乡和区域差距，并从根本上促进经济结构调整和增长方式转变，实现经济社会平稳健康发展。

5.3 国内经济运行

“两会”政府工作报告将 2011 年经济增长目标拟定为 8%。受全球经济回落和国内政策主动调控的影响，我国经济增速将会有所放缓，消费、投资、出口三驾马车增速将会有不同程度的回落，但不会大幅降低。在流动性过剩和输入型通胀的影响下，国内通货膨胀压力依然较大。2011 年作为“十二五”开局之年，经济结构调整和发展方式转变将是各项政策的着力点。具体而言，年内经济运行将会表现出如下特征：

（1）社会消费保持较快增长。

在国家鼓励内需政策推动下，2011 年国内消费将继续保持较快增长。社会消费增长的重要推动力量在于居民收入增长和分配格局改善，以往出台的一系列政策效果已在2010年开始体现。2011年“两会”《政府工作报告》中明确未来五年“努力实现居民收入增长和经济发展同步”，“城镇居民人均可支配收入和农村居民人均纯收入年均实际增长超过7%”。预计2011年国家将稳步提高最低工资水平；继续实施结构性减税政策，进一步增加对农民的补贴，提高城乡低保对象等低收入群体补助水平；继续实施和完善家电、汽车下乡等鼓励消费的一系列政策。这些措施将对增加城乡居民收入、拉动消费发挥重要作用。长远来看，城乡之间、不同地区之间居民收入更为均衡的稳定增长将为扩大内需提供坚实的基础。

（2）固定资产投资增速逐步趋稳。

固定资产投资快速增长一直是我国经济增长的一大特点，这与我国工业化和城镇化进程有关。2011年，政府继续落实严控新上项目的政策；接连出台房地产市场调控政策影响销量，进而影响房地产投资；中央清查地方政府投融资平台；新增信贷规模放慢；高耗能行业出口退税率下调或取消，淘汰落后产能等。

其中，影响2011年投资增长最大的不确定因素为房地产投资。随着房地产市场调控措施的逐步落实，投资性需求回落。保障性住房建设力度加大，先期投资和后续投入都是带动投资增长的重要因素，将部分弥补商业房地产开发投资规模下滑对房地产投资增长的负面影响。因此综合来看，2011年房地产投资增速将有所回落，但不会出现深度滑坡。

（3）贸易结构进一步优化。

2011年我国面临的外贸环境较为复杂。由于发达经济体实体经济恢复缓慢，失业率居高不下，我国与发达国家之间的贸易摩擦不断增加，在重启人民币汇率弹性机制以后升值压力不减，将在一定程度上对2011年出口增长产生冲击。

我国贸易结构优化和国际收支基本平衡是今后对外贸易发展的主要方向。《政府工作报告》指出，2011年要“切实转变外贸发展方式。在大力优化结构和提高效益的基础上，保持对外贸易稳定增长。无论是一般贸易还是加工贸易出口，都要继续发挥劳动力资源优势，都要减少能源资源消耗，都要向产业链高端延伸，都要提高质量、档次和附加值”。一方面，我国出口产品不断升级，贸易对象不断多元化。从产品结构来看，在国家大力调整产业结构、加紧淘汰落后产能、鼓励战略性新兴产业发展的背景下，我国出口产品结构将进一步优化。在主要出口产品中，机电产品和高技术产品出口继续保持增长势头，这将有利于增加出口价值并避免与其他发展中国家的出口竞争。另一方面，从贸易对象来看，我国与新兴市场及“金砖国家”其他国家间的贸易比重将会大幅增加，贸易结构多元化趋势将更为明显。同时，区域合作也是促进我国外贸发展的重要因素。例如，受中国一东盟自由贸易区启动等区域经济合作因素影响，我国与东盟之间的贸易往来将不断加深，对东盟出口比重将继续上升。

5.4 产业结构调整

我国经济发展迅猛，但产业结构不尽合理，经济结构性失衡。农业基础薄弱，科技创新能力不强，产业竞争较弱；而资源消耗过大，生态环境压力大，因此，产业结构的升级将是我国产业发展的重要战略。随着世界经济格局变革，我国提出了新的重大战略部署，国家“十二五”规划纲要把培育发展节能环保、新一代信息技术、生物、高端装备制造、新能源、新材料和新能源汽车产业等七大战略性新兴产业放在突出位置。2011年是“十二五”开局之年，传统产业的优化升级迫切需要战略性新兴产业的牵引和拉动，而战略性新型产业的发展不能脱离现有的产业基础。随着战略性新兴产业的发展，2011年第二产业结构将逐步实现优化，科技进步与产业升级深度结合，高端技术设备、新能源汽车消费等出现较高增长，并带动第一产业、第三产业结构协调发展。

2000年以来，在工业化、城镇化的拉动下，我国电力需求呈现快速增长势头，单位产值电耗也有所上升，并于2007年达到一个高峰值。受金融危机的影响，2008、2009年单位产值电耗有所回落。2010年，在政府拉动投资、刺激消费、稳定出口等一系列政策的拉动下，高耗能行业反弹较快，全国电力需求达到14.6%的快速增长，产值单耗也有所回升，达到1335kW·h/万元（2005年价格）。2000年以来全国单位GDP电耗的变化见图5-1。

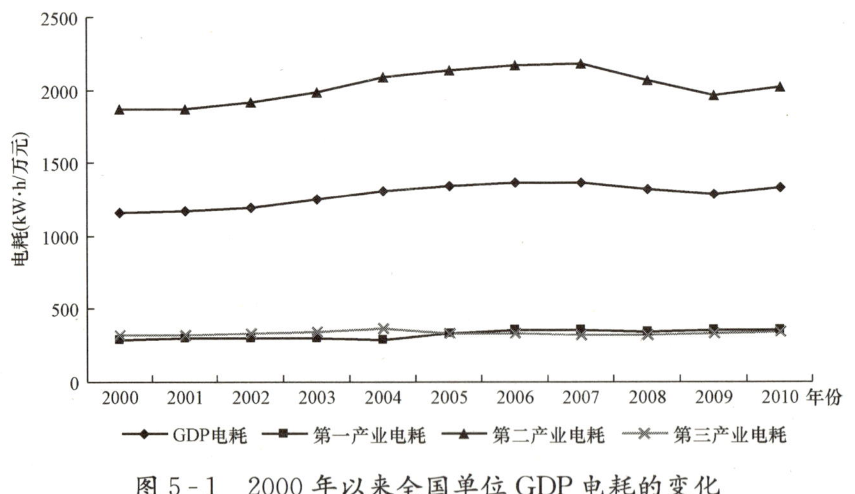

图5-1　2000年以来全国单位GDP电耗的变化

2000年以来我国单位产值单耗累计上升了14.9%，通过拉氏因素分解，将引起我国产值电耗变化的原因分解为结构因素和单耗因素。其中，第一产业结构的贡献率为−1.53%，第二产业结构的贡献率为2.96%，第三产业结构的贡献率为1.12%，产业结构合计的贡献率为2.55%。第一产业单耗的贡献率为0.26%，第二产业单耗的贡献率为 10.21%，第三产业单耗的贡献率为 0.26%，各产业单耗的贡献率合计为 10.73%；居民用电对产值单耗变化的贡献率为 1.63%。分析表明，三次产业对产值单耗的贡献率分别达到 −1.27%、13.17%、1.38%，第二产业的发展变化（包括第二产业结构变化和电耗变化）对产值单耗变化的影响较大。2000 年以来全国 GDP 电耗的因素分解见图 5-2。

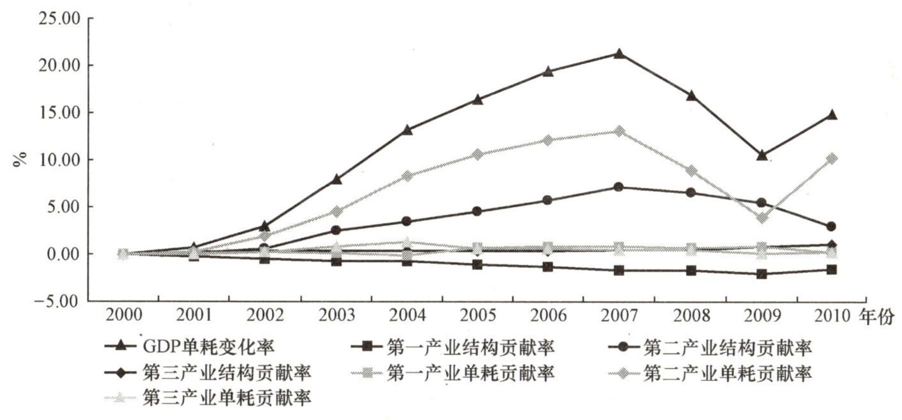

图 5-2 2000 年以来全国 GDP 电耗的因素分解

作为世界的加工厂，在能源资源环境对发展制约越来越大的情况下，实现产业结构调整，工业转型升级，成为当务之急；然而由于产业结构具有较大的惯性，结构调整难以在短期内取得明显成效。另外，由于 2011 年作为“十二五”开局之年，各地发展的热情很高，大量的投资项目将布局落点。综合上述分析，判断 2011 年全国行业电耗明显下降的可能性不大；同时，由于居民生活用电继续保持较快增长，因此全国 GDP 电耗将继续上升。

5.5 节能减排

“十二五”期间，我国将继续加大污染减排力度，减排约束性指标从“十一五”期间的2项变为4项，氨氮和氮氧化物成为新增加的两项约束性指标。经历了“十一五”的重压，节能减排的任务在“十二五”依然严峻。另外，“十二五”的考核方式极有可能改成每年一考，避免出现前几年过分任意排放，留到最后搞突击的局面。因此，判断2011年节能减排明显放松的可能性不大，高耗能行业发展不会出现报复式的明显反弹现象。

从节能和节电的关系来看，节能未必节电。电能作为清洁、安全、高效、方便的能源，同其他能源相比有一定的竞争力。一方面，有更多的煤炭用于发电，将终端能源利用效率较低的煤炭用电能替代；另一方面，清洁能源绝大部分需要转化为电力才能利用。因此，电能占终端能源消费比重会逐步上升，相应单位产值电耗降幅会低于产值能耗的降幅，也即在促进节能的同时可能会多用电。例如“十一五”期间，全国单位GDP能耗❶累计下降19.1%，而单位GDP电耗仅下降0.4%。2000年以来全国单位GDP电耗和能耗见图5-3。

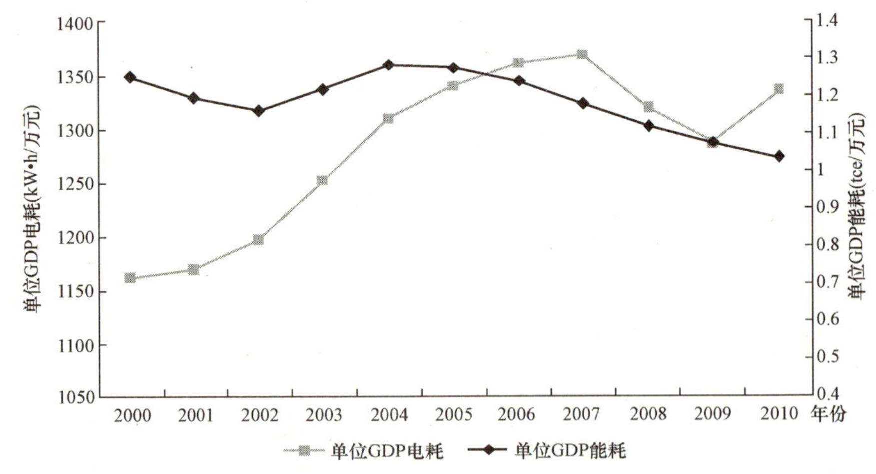

图5-3　2000年以来全国单位GDP电耗和能耗

❶ 2010年单位GDP能耗数据统计局尚未公布，根据2010年国民经济和社会发展统计公报数据计算而得。

从技术进步的角度来看，通过加大节能投入、加快技术改造和升级，单位产品的电耗水平将趋于下降。2009 年，电解铝交流电耗、合成氨电耗、电石电耗、纸和纸板电耗分别为 14 171、1172、3395、567 kW·h/t，与 2005 年相比，分别下降了 3.5%、8.4%、1.6%、23.9%，具体见表 5-2。我国重点产品的单位产品电耗水平与国际先进水平差距在逐年缩小，但仍有下降的空间。

表 5-2 我国高耗能产品产量和电耗

类别		2005 年	2007 年	2008 年	2009 年
煤炭采选和洗选	产量（亿 t）	23.5	26.9	28.0	29.7
	电耗（kW·h/t）	25.0	22.6	22.0	21.5
原油生产	产量（亿 t）	1.81	1.86	1.95	1.89
	电耗（kW·h/t）	142	154	150	129
钢铁	粗钢产量（亿 t）	3.53	4.89	5.03	5.68
	大中型企业电耗（kW·h/t）	452	433	445	434
电解铝	产量（万 t）	779	1234	1318	1297
	交流电耗（kW·h/t）	14680	14488	14323	14171
水泥	产量（亿 t）	10.69	13.61	14.23	16.50
	电耗（kW·h/t）	92	91	91	90
合成氨	产量（万 t）	5220	5787	4995	5134
	电耗（kW·h/t）	1280	1202	1184	1172
烧碱	隔膜法电耗（kW·h/t）	—	2364	2340	2309
	离子膜法电耗（kW·h/t）	—	2213	2201	2186
电石	产量（万 t）	895	1363	1361	1503
	电耗（kW·h/t）	3450	3465	3440	3395
纸和纸板	产量（万 t）	6205	7792	8391	8640
	全行业电耗（kW·h/t）	745	605	578	567

从用电结构的变化来看，我国政府积极调整产业结构、抑制高耗能行业的过快发展，将有助于减少电力需求。如果以 2010 年的行业电耗水平计算，第三产业电耗比第二产业电耗少耗电 1680 kW·h/万元（2005 年价格）。

电网企业作为电力需求侧管理的重要实施主体，在《电力需求侧管理办法》（发改运行［2010］2643 号）等相关文件的指导下，加强《电力需求侧管理办法》中提出的 0.3%节能量指标的管理和考核，切实推动电力需求侧管理工作的开展。国家电网公司在江苏成立了首个能效服务活动小组，探索电网企业组建节能服务网络，开展节能服务工作的营销新模式。南方电网公司把需求侧管理纳入主营业务，通过实施节能服务，不断培育综合能源公司在节能服务市场中的竞争力。

综合来看，随着节能减排工作持续深入推进，预计我国产值电耗水平将逐步改善，进而促使电力需求增速放缓。

5.6 重点行业发展

5.6.1 黑色金属行业

（一）主要产品产量

2011 年，钢铁行业运行存在着以下不确定性：一是国际经济复苏道路曲折，国际钢铁市场的需求对国内市场的拉动存在不确定性；二是国内“积极稳健、审慎灵活”的宏观政策可能使钢铁的需求较快增长的趋势出现波动；三是节能减排的后续执行力度和影响存在不确定性。

从国内需求来看，2011 年国家将加大保障性安居工程建设力度，加快棚户区和农村危房改造，全国保障性安居工程住房建设规模高达 1000 万套，同比增长 72.4%；国家在农田水利设施等农村建设方面也将投入大量资金；可再生能源、环保产业、铁路和城市地铁建设也将迎来建设高峰。总体来看，2011 年钢铁市场需求仍较旺盛，全年预计国内钢材表观消费量将达到 6.4 亿 t，同比增长 6.7%。

从国外需求来看，2011 年我国钢材出口空间可能进一步缩小。在 2010 年我国出口的钢材中，向韩国、印度及东盟的出口量占全部钢材出口量的 48.2%。由于韩国新增钢铁生产能力 1500 万 t，我国向韩国等国的出口将有所减少；受美国、日本等国家第二轮量化宽松政策的冲击，人民币升值压力加大，钢铁企业出口成本进一步上升；国家严控“两高一资”产品扩大出口及国际贸易保护主义对我国出口限制措施等，使 2011 年我国钢材出口难度增大，预计 2011 年钢材出口较 2010 年略有减少，总量在 3600 万 t 左右。

综合国内钢铁需求规模及进出口增长情况，预计 2011 年国内粗钢产量在 6.8 亿 t 左右，增长 8.5%，相比 2010 年将回落 0.8 个百分点。

（二）产品电耗

国务院办公厅 2010 年 6 月 4 日发布的《国务院办公厅关于进一步加大节能减排力度加快钢铁工业结构调整的若干意见》（国办发［2010］34 号）规定：对于新项目，除国家已批准开展前期工作的项目外，2011 年底前不再核准、备案任何扩大产能的钢铁项目。

除严格控制新建产能之外，还要进一步加大淘汰落后产能力度。工信部在 2010 年 3 月曾经要求 2010—2011 年共需淘汰落后炼铁产能约 1 亿 t，2010 年全国已淘汰 3000 万 t 炼铁产能，据此推算 2011 年全国尚仍需淘汰落后炼铁产能 7000 万 t，这占全国炼铁产能的 10% 左右。

进一步提高我国钢铁产业集中度，力争到 2015 年，国内排名前 10 位的钢铁企业钢产量占全国产钢总量的比例从 2009 年的 44%提高到 60%以上。2011 年钢铁企业重组整合将继续扩大规模。

根据行业规划，到2011年底，重点大中型钢铁企业吨钢综合能耗不超过620kgce；二次能源基本实现回收利用；钢渣综合利用率为94%，铁渣综合利用率为97%，尘泥综合利用率为99%，尾矿综合利用率为10%，污染物排放浓度和排放量双达标。在此基础上预计行业吨钢电耗也将出现下降。但考虑产品结构调整及产品附加值增加导致的单位产量耗电量的增加，预计2011年粗钢单位产品电耗约为593kW·h/t，相比2010年将下降2kW·h/t。

（三）行业用电量

综合以上对于粗钢产量及吨钢电耗的预测，预计2011年我国粗钢生产用电量约为4050亿kW·h，按照其用电量约占黑色金属行业的79%（2010年水平）考虑，2011年黑色金属冶炼及压延加工业用电量约为5127亿kW·h，同比将增长9.3%。

5.6.2 有色金属行业

（一）主要产品产量

有色金属产业是国民经济重要的基础原材料产业，从长远发展来看，有色金属在我国实现城镇化、工业化的过程中具有刚性需求。下游需求中，由于汽车购置税取消、汽车限购令出台、停车费上涨等因素，汽车行业生产增速将会受到明显影响；国家对房地产市场调控政策不断加深，不利于对铝消费的增长，但是国家大力发展保障房建设有助于弥补以上局面，预计2011年房地产市场对铝消费贡献力将不会明显缩减。

产能方面，国内电解铝产能过剩，只要价格运行在成本线以上，就会有极大的生产热情，对产量增长不会有明显影响。

综合2011年国内供需形势，预计2011年电解铝产量将继续快速增长，但增幅与2010年相比会有所下降，预计增速在15%左右，全年电解铝产量约为1800万t，有色金属行业总产量约为3550万t。

（二）产品电耗

考虑有色金属行业的结构调整、产业重组，以及优惠电价取消等政策影响，2011 年调结构将是有色金属行业发展的主基调。对产品能耗的影响主要体现在：要求铝冶炼新建或改扩建项目全部采用 400kA 以上大型预焙电解槽工艺；构建日趋合理的产品结构，降低有色金属行业的整体能耗水平。预计 2011 年电解铝综合电耗将在 2008 年基础上下降 423kW·h/t，达到 13 900kW·h/t 左右；铝冶炼工业单位产品电耗约为 12 920kW·h/t，同比增长 1.8%，增速与 2010 年相比基本持平，比 2009 年下降 2.5 个百分点。

（三）行业用电量

根据主要产品产量、电耗预测值，估算 2011 年有色金属行业用电量为 3520 亿 kW·h，其中铝冶炼用电量约为 2300 亿 kW·h，两者分别比 2010 年用电量增长 11.2%、12.9%，增速同比回落 11.9、14.2 个百分点。

5.6.3 化工行业

（一）主要产品产量

2010 年以来，随着宏观经济的积极向好，化工行业经济运行持续好转，主要产品产量和用电量大幅增长。根据《石化产业调整和振兴规划》的要求，2010—2011 年化工行业经济争取实现平稳较快增长。预计 2011 年化工行业经济及用电量将继续保持平稳较快的增长势头，但增幅比 2010 年缩小。

2011 年，我国化肥的保障能力将进一步增强，市场需求保持平稳，预计增幅在 5%左右，比 2010 年略有提高；无机原料市场供给充裕，产能相对过剩，但多数有机原料市场存在缺口，面临进口的激烈竞争，基础化工原料市场的波动有可能加大，总体上继续保持上涨格局。预计 2011 年，化工产品结构调整和优化成果明显，行业实现平稳较快增长，多数产品产量增速较高，其中烧碱产量为2520万t，同比增长16%左右；电石产量为1826万t，同比增长19%；化肥产量为7768万t，同比增长12%。

（二）产品电耗

随着节能减排力度的加大，电石、烧碱等产品的电耗水平将有较大的降低。根据2007年以来有关产品电耗变化情况，预计到2011年，合成氨单位产品电耗为1020kW·h/t，比2010年减少2.4%；离子膜法烧碱单位产品电耗为2160kW·h/t，比2010年减少0.7%；隔膜法烧碱单位产品电耗为2256kW·h/t，比2010年减少1.5%；电石单位产品电耗为3327kW·h/t，比2010年减少1.1%。

（三）行业用电量

综合考虑各产品产量及电耗，预计2011年，烧碱用电量为407亿kW·h,增长14.4%；电石用电量为608亿kW·h，增长17.1%；化肥用电量为816亿kW·h，增长10.8%。预计2011年，化工行业用电量为3400亿kW·h，增长8.5%左右。

5.6.4 建材行业

（一）主要产品产量

2011年是“十二五”规划的开局之年，预计水泥行业总体趋势向好。从产能来看，由于淘汰落后产能和投资增速的下滑，水泥投资增速一直处于回落状态，预计2011年水泥投资继续大幅增长的概率较小，受此影响，预计2011年新增产能约9000万t，淘汰落后产能约1亿t，年总产能规模为22.5亿t。

从需求来看，虽然“4万亿”刺激政策对水泥向上的推动效应已逐渐减弱，但其大多数工程仍然在建，对水泥需求的支撑作用依然延续，而水利、高铁、保障性住房建设等工程也将使水泥需求得到保障，预计2011年水泥产量将达21亿t，比2010年增长11.7%。

（二）产品电耗

随着水泥行业集中度的进一步提高，行业能效对标工作的开展，生产工艺环节的节能优化和生产技术装备逐步向大型化、规模化、节能化的发展趋势，将在一定程度上对水泥的单位电耗产生影响，预计2011年水泥行业单位产品电耗约为86kW·h/t，比2010年下降1～1.5个百分点。

（三）行业用电量

综上所述，在工业化持续发展和城镇化建设步伐加快等因素的拉动下，2011年水泥行业生产总体将继续保持稳步增长，行业用电量也持续平稳增长。综合水泥行业产量及能耗水平，预计2011年水泥行业用电量较2010年同比增长11%，达到1360kW·h；考虑为适应建设“两型”社会的要求，建材工业正朝着低能耗的方向发展，节能减排、资源综合利用及大力发展节能型建材已成为其重要主题，预计水泥制造业用电量占建材行业用电量的比重将降至48.4%，据此推算，预计2011年建材行业用电量为2812亿kW·h，比2010年增长12.7%。

6

2011 年经济形势预测

6.1 全国经济预测

“十二五”时期，我国将坚持民生优先的原则，2011 年作为“十二五”开局之年，经济增长目标适度调低，政策重点在于改善民生和促进经济发展方式转变。2011 年国内经济运行仍将较为平稳，但受国内外诸多因素的影响，增长幅度将有所放缓，根据对宏观外部环境、国内宏观政策、国内产业发展态势的综合分析，应用国家电网公司电力供需研究实验室宏观经济月度模型，对 2011 年经济运行进行模拟分析。预测结果见表 6 - 1。

表 6 - 1　2011 年全国经济增长预测　%

参数	2010 年（实际值）	2011 年（预测值）
GDP	10.3	9.5～9.9
全社会固定资产投资	23.8	23.2～24.6
社会消费品零售总额	18.4	17.8～18.5
出 口	31.3	18.8～19.7
进 口	38.7	20.6～24.6
CPI	3.3	3.9～4.3
PPI	5.5	5.9～6.4

初步预测，2011 年全年 GDP 增长率在 9.5%～9.9%范围内。分项来看，受房地产调控政策的影响，2011 年全社会固定资产投资增速将会有一定程度的降低，并趋稳。由于物价水平将会在高位运行并

有上涨压力，因而社会消费实际增速将可能略有回调。在发达国家经济复苏缓慢、人民币升值压力下，出口增长将可能有一定的降幅。因而与 2010 年相比，2011 年“三驾马车”的增长将会有所回落，但不会大幅下降，总体经济运行仍将保持平稳增长。

分阶段来看，经济增长将呈现前低后高的趋势，但各季度差距应比往年显著缩小。2011 年第一季度和第二季度 GDP 增长率较低，预计分别为 9.7%和 9.5%。第三季度和第四季度 GDP 增长率较高，预计分别为 9.9%和 10.2%。受流动性过剩、国际大宗商品价格上涨引致的输入型通胀、国内资源和劳动力成本上升等因素的影响，预计全年 CPI 涨幅或在 4%以上。

分产业来看，由于国家投入加大和新农村建设推进，农业的基础地位和现代化水平将会进一步提升，2011 年农业生产将会取得平稳增长。受经济结构调整影响，第二产业中的传统工业部门（特别是重化工业和高耗能行业）增长将会有所回落，而第三产业将会继续保持较快增长。

6.2 分地区经济预测

政府工作报告把“促进区域协调发展”作为 2011 年十项重点工作之一，提出“坚持把实施西部大开发战略放在区域发展总体战略的优先位置”，“全面振兴东北地区等老工业基地”，“大力促进中部地区崛起”，“积极支持东部地区率先发展”。自 2009 年以来，国务院已陆续批复了十多个国家战略的区域发展规划，目前新疆、山东等区域发展规划也在积极推进当中。

经济增长方面，随着区域经济布局规划的实施和纵深推进，2011 年各地区经济仍将保持平稳较快增长，但总体增速将比 2010 年回落。从目前各省（市、区）公布的《政府工作报告》来看，中、西部地区的预期增长目标明显高于东部地区，且均为“两位数”的增幅。未来中、西部地区将处于工业化、城镇化加快推进的重要阶段，东部沿海地区产业向中、西部地区转移有加速趋势，相关产业、人才、资金等要素资源向中西部流动，这是推动中西部地区经济增长的基础性力量。因此，今年中西部及东北地区经济仍将保持较快增长。同时，虽然各地区都面临经济转型的任务，但由于发展阶段的差异，东部沿海地区压力相对较大，由此将使经济增长速度有一定程度降低。考虑到各地区基础条件、发展政策差异及政府目标，2011 年各地区经济增长预测情况如表 6-2 所示。

表 6-2　2011 年各地区经济增长预测情况　%

地　区	2010 年经济增长（实际）	2011 年经济增长（预测）	地　区	2010 年经济增长（实际）	2011 年经济增长（预测）
华　北	12.9	10.9	华　中	14.2	11.4
东　北	13.5	11.1	西　北	12.9	12.0
华　东	12.6	10.2	南　方	12.6	9.7

经济结构方面，华北、华东地区将围绕调整产业结构和转变发展方式，提高经济增长质量，重点培育现代服务业、先进制造业及战略性新兴产业，提高自主创新能力和整体竞争能力。华中、西北地区加快“三农”、保障性住房、卫生教育、基础设施、节能环保、自主创新与技术改造等重大项目的实施，继续加大民生领域、基础设施和生态环保建设的投资力度，积极淘汰落后产能，推进技术改造。其中，能源资源基地建设、加大投资力度是近期西北地区的发展主线。东北地区则加快重点产业振兴，推进国有企业战略性并购重组，加快新型工业化进程。南方地区各省（区、市）经济发展水平差异较大，其中广东是我国经济发展前沿，将强化加快转变经济发展方式，2011 年

将集中力量促创新、调结构、转方式。与之相比，广西、贵州、云南经济欠发达，近期首要任务仍是要加快发展，做大产业规模，推进工业化和城镇化。海南则是落实国际旅游岛政策，把重大旅游项目建设和旅游市场整治摆在突出位置。

各省（区、市）2011年经济增长形势总体将会延续2010年的特征，即中、西部地区的省（区、市）增速快于东部地区的省（区、市）。2011年各省（区、市）经济增长预测情况如表6-3所示。

表6-3　2011年各省（区、市）经济增长预测情况　%

省（区、市）	2010年经济增长率	2011年经济增长率	省（区、市）	2010年经济增长率	2011年经济增长率
全国	10.3	9.5～9.9	河南	12.2	11.8
北京	10.2	8.2	湖北	14.8	10.5
天津	17.4	11.5	湖南	14.5	10.8
河北	12.2	8.9	广东	12.2	9
山西	13.9	12.2	广西	14.2	10
内蒙古	15	13	海南	15.8	13.6
辽宁	14	10.9	重庆	17.1	13
吉林	13.7	11.5	四川	15.1	12
黑龙江	12.6	11	贵州	12.8	13.3
上海	9.9	7.9	云南	12.3	10.5
江苏	13.5	11.3	西藏	12.3	12.6
浙江	11.8	9.1	陕西	14.5	12.5
安徽	14.5	10.6	甘肃	11.5	11.9
福建	13.8	12	青海	15.3	12.1
江西	14	10.3	宁夏	13.4	12.3
山东	12.5	12	新疆	10.6	11

7

2011 年电力需求预测

7.1 2011 年全国电力需求预测

根据经济增长的情景分析，应用电力供需研究实验室的电力需求情景分析方法体系进行电力需求预测。主要采用的方法包括：回归分析法、趋势外推法、灰色模型等常规数学模型，部门分析法、产值电耗法、电力弹性系数法、最大负荷利用小时数法等解析方法，以及CGE、投入产出模型等。

7.1.1 时间序列法

基于前述预测的 GDP、投资、消费、进出口及人口等数据的情景作为边界条件，采用一元回归、多元回归、指数平滑、灰色模型等多种数学方法，根据其对历史情况的拟合情况，模拟预测偏差情况，筛选出合理的方法，并确定权重，对我国 2011 年全社会用电量进行预测（见表 7-1），预计将达到 46 178 亿～48 262 亿 kW·h（去掉最小值），同比增长 10.15%～15.12%。

表 7-1　　2011 年全国用电量时间序列法预测结果

方法名称	采用数据指标	采用数据时间段（年）	2010 年用电量（亿 kW·h）	2011 年用电量（亿 kW·h）	增速（%）
一元线性回归	GDP	1995—2010	41923	46 178	10.15
多元非线性回归	ln（人口、GDP、投资）	1995—2010		47 902	14.26
多元非线性回归	ln（人口、GDP、投资）	1990—2010		47 354	12.96

续表

方法名称	采用数据指标	采用数据时间段（年）	2010年用电量（亿kW·h）	2011年用电量（亿kW·h）	增速（%）
多元非线性回归	ln（人口、GDP）	1995—2010	41 923	47 785	13.98
多元非线性回归	ln（人口、GDP）	1990—2010		47 563	13.45
多元非线性回归	ln（GDP、投资）	1995—2010		48 262	15.12
三次指数平滑		1995—2010		45 682	8.97
灰色模型		1995—2010		46 927	11.94
综合				46 178～48 262	10.15～15.12

7.1.2 部门分析法

根据对单位GDP电耗历史数据的分析，考虑经济发展水平、产业结构、人口、城镇化率，对2011年全国的GDP电耗及分产业单位产值电耗水平进行预测，在此基础上得到我国行业用电量；居民用电量采用人均生活用电量方法预测，继而合成可得全社会用电量。

随着科学技术不断进步、产业结构不断调整，总体单位GDP能耗和电耗有下降的潜力。但是各产业产值电耗的变化趋势不同：第一产业用电量比重较低，长期以来的增速也相对较低，随着电气化水平的提高，单位产值电耗将继续保持平稳增长态势。受北方多数地区出现干旱天气的影响，预计第一产业用电量增长有所加快，增长7.3%左右。受2010年节能减排力度较大的影响，第二产业在2011年初可能会出现一些反弹，但考虑节能减排和经济结构调整的长期性，以及2010年基数的提高，预计2011年第二产业用电量增速有所回落，增长11.5%左右。在经济形势逐步向好、消费能力、城镇化水平进一步提高等因素的带动下，预计2011年第三产业用电量将继续保持平稳较快增长，增长14.1%左右。考虑我国居民生活用电量水平还偏低，随着生活水平继续提高，加上“家电下乡”、“惠民工程”等政策的进一步落实，城镇化的持续推进，预计2011年居民生活用电量将继续保持平稳较快增长，增长13.9%左右。

通过对三次产业及居民生活用电量情况的分析，预计2011年全社会用电量将达到46 944亿kW·h，同比增长12.0%，具体见表7-2。

表7-2　2011年三次产业和城乡居民生活用电量预测

行业	2010年			2011年		
	用电量（亿kW·h）	增速（%）	比重（%）	用电量（亿kW·h）	增速（%）	比重（%）
全社会	41 923	14.6	100	46 944	12.0	100
第一产业	984	4.7	2.3	1056	7.3	2.3
第二产业	31 318	15.4	74.7	34 922	11.5	74.4
第三产业	4497	14.0	10.7	5129	14.1	10.9
居民生活	5125	12.0	12.2	5837	13.9	12.4

7.1.3 产值单耗法

2000年以来，高耗能行业的快速发展，带动单位产值电耗不断上升。近年来，在国家节能减排政策的引导下，节能技术不断进步，产业结构调整力度加大，加上金融危机的爆发导致部分高耗能落后产能关闭，产值电耗上升的势头得以遏制。2010年，全国单位GDP电耗为1335kW·h/万元（2005年可比价，下同），虽然较2009年有所反弹，但同2008年的水平基本相当。在节能减排力度不断加大、产业结构不断优化的背景下，2011年全行业产值电耗会比2010年有所降低或持平，但受基础设施建设的拉动，高耗能行业发展仍较快，以及居民生活用电量保持较快增长，单位GDP电耗也有可能继续小幅上升。预计2011年，全国全社会用电量为46 249亿～47 109亿kW·h，同比增长了10.3%～12.4%。2011年产值电耗法预测全社会用电量见表7-3。

表 7 - 3 2011 年产值电耗法预测全社会用电量

年份			GDP（亿元）	增速（%）	单位产值电耗（kW・h/万元）	单位产值电耗比上年变化量（kW・h/万元）	用电量（亿 kW・h）	增速（%）
1999			107 086		1129		12 092	
2000			116 114	8.4	1160	31	13 466	11.4
2001			125 752	8.3	1168	8	14 683	9
2002			137 173	9.1	1195	27	16 386	11.6
2003			150 925	10	1252	57	18 894	15.3
2004			166 146	10.1	1313	61	21 815	15.5
2005			184 937	10.4	1344	41	24 848	13.9
2006			208 381	11.6	1361	31	28 368	14.2
2007			237 893	13	1369	22	32 565	14.8
2008			260 813	9.6	1316	—54	34 334	5.4
2009			284 808	9.1	1285	—32	36 587	6.6
2010			314 143	10.3	1335	51	41 923	14.6
2011	产值电耗上升	GDP 高方案	343 987	9.5	1365	30	46 938	12.0
		GDP 低方案	345 243	9.9	1365	30	47 109	12.4
	产值电耗略有上升	GDP 高方案	343 987	9.5	1345	10	46 250	10.3
		GDP 低方案	345 243	9.9	1345	10	46 419	10.7
	综合						46 249～47 109	10.3～12.4

7.1.4 重点行业比重法

目前，黑色金属、有色金属、建材、化工等四大高耗能行业是我国主要用电行业，用电量比重大，对我国用电量增长影响较大。虽然受到国际金融危机的冲击，但高耗能行业用电量占全社会用电量的比重仍在 30%以上。2000 年以来高耗能行业用电量及比重见图 7 - 1。

2011 年，随着高速铁路、地铁、公路、机场、水利等国家重大基础建设项目的进一步实施，保障性住房的加快建设，对钢材、水

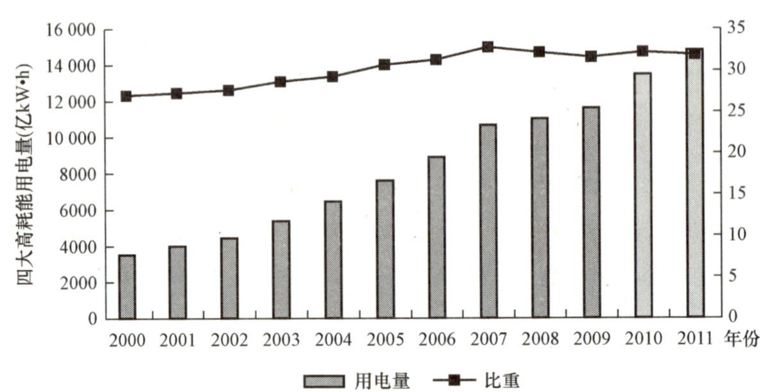

图 7-1 2000 年以来高耗能行业用电量及比重

泥、玻璃、有色金属等产品需求会保持较快增长。四大高耗能行业仍将保持较快发展，但增幅有所回落，预计增长 10.2%。根据重点行业用电量占比略有下降来考虑，预计 2011 年全国全社会用电量为 46 434 亿～47 022 亿 kW·h，同比增长 10.8%～12.2%，具体见表 7-4。

表 7-4　2011 年重点行业比重法预测全社会用电量

行业	2009 年（实际）			2010 年（估算）			2011 年（预测）		
	用电量（亿 kW·h）	增速（%）	比重（%）	用电量（亿 kW·h）	增速（%）	比重（%）	用电量（亿 kW·h）	增速（%）	比重（%）
全社会	36 595	6.4	100	41 923	14.6	100	46 434～47 022	10.8～12.2	100
四大高耗能合计	11 572	4.3	31.6	13 487	16.5	32.2	14 859	10.2	
黑色金属	4070	7.3	11.1	4692	15.3	11.2	5127	9.3	
有色金属	2576	0.3	7.0	3165	22.9	7.6	3520	11.2	
建材	2126	8.4	5.8	2495	17.4	6.0	2812	12.7	
化工	2800	1.2	7.7	3134	11.9	7.5	3400	8.5	
按比重测算							46 434	10.8	32
							46 726	11.5	31.8
							47 022	12.2	31.6

7.1.5 投入产出模型

结合我国目前所处的经济环境、经济结构调整方向及节能减排力度，未来高耗能行业的投资将受到抑制，其他新兴行业将会得到较快发展，第二产业的比重会有所下降；人民生活水平的提高和居民消费结构升级，将会带动汽车、住房、家电及第三产业的发展，使机械设备制造业、服务业等行业的资本形成有所提高。

根据 2011 年支出法 GDP 结构，利用投入产出模型即可得到 2011 年全社会用电量预测结果为 46 031 亿～46 870 亿 kW・h，同比增长 9.8%～11.8%。

7.1.6 结果综合

根据以上各方法及其他一些模型的预测，综合考虑各个模型的权重，利用组合预测法，预计 2011 年全国全社会用电量将达到 4.65 万亿～4.74 万亿 kW・h，同比增长 11.0%～13.0%，具体见表 7-5。

表 7-5 2011 年全国全社会用电量预测

预测方法	2010 年		2011 年	
	用电量（亿 kW・h）	增长率（%）	用电量（亿 kW・h）	增长率（%）
时间序列法	41 923	14.6	46 178～48 262	10.15～15.12
部门分析法			46 944	12.0
产值单耗法			46 249～47 109	10.3～12.4
重点行业比重法			46 434～47 022	10.8～12.2
投入产出模型			46 031～46 870	9.8～11.8
综合预测结果			46 553～47 392	11.0～13.0

根据 2000 年以来各月的历史数据，采用季节指数法对 2011 年各月用电量进行预测，得到各季度用电量占全年用电量的比重，结合全年用电总量及各季度用电量比重即可得到各季度用电量。分季度来看，

一、二、三、四季度分别增长 12.5%、12.0%、11.5%、13.2%。从增长态势来看（如图 7－2 所示），前三个季度，全国用电量增速较平稳，第四季度由于 2010 年基数偏低，用电量增速会相对较高。

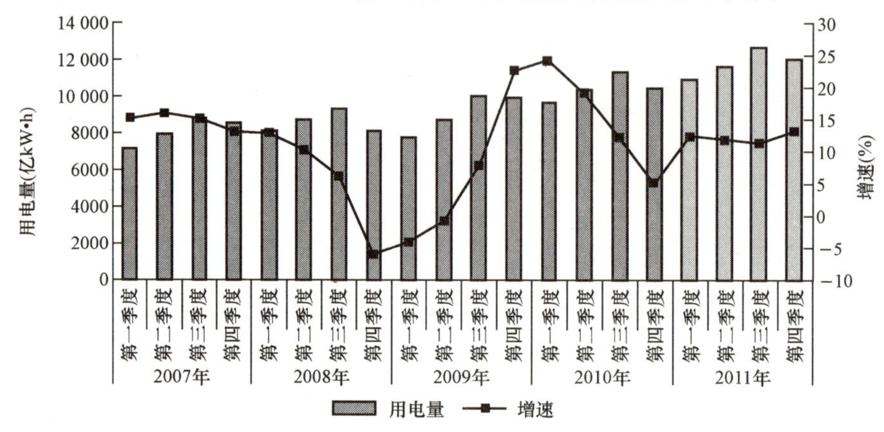

图 7－2　2007 年以来分季度用电量及增速

7.2　2011 年各地区电力需求预测

根据各地区经济发展情况、电力需求特点，应用电力供需研究实验室，对各地区 2011 年用电量需求增长进行预测。分地区用电量预测结果如表 7－6 所示。

表 7－6　　2011 年各地区全社会用电量预测

地区	2010 年实际		2011 年预计					
			高方案		中方案		低方案	
	用电量（亿 kW·h）	增速（%）	高方案（亿 kW·h）	增速（%）	中方案（亿 kW·h）	增速（%）	低方案（亿 kW·h）	增速（%）
全国	41 923	14.6	47 392	13.0	46 973	12.0	46 553	11.0
华北电网（含蒙西）	10 136	14.2	11 352	12.0	11 250	11.0	11 149	10.0
北京	800	8.2	847	5.9	839	4.9	831	3.9
天津	643	16.8	723	12.4	716	11.4	710	10.4

续表

地区	2010年实际		2011年预计					
			高方案		中方案		低方案	
	用电量（亿kW·h）	增速（%）	高方案（亿kW·h）	增速（%）	中方案（亿kW·h）	增速（%）	低方案（亿kW·h）	增速（%）
河北	2692	14.8	2975	10.5	2948	9.5	2921	8.5
山西	1450	14.4	1628	12.3	1614	11.3	1599	10.3
山东	3300	12.2	3728	13.0	3695	12.0	3662	11.0
蒙西	1252	20.7	1451	15.9	1439	14.9	1426	13.9
华东电网	10 363	14.8	11 655	12.5	11 551	11.5	11 448	10.5
上海	1290	11.8	1385	7.4	1373	6.4	1360	5.4
江苏	3856	16.4	4339	12.5	4300	11.5	4261	10.5
浙江	2825	14.3	3178	12.5	3150	11.5	3122	10.5
安徽	1076	13.0	1240	15.2	1229	14.2	1218	13.2
福建	1316	16.0	1513	15.0	1500	14.0	1487	13.0
华中电网	7732	15.5	8824	14.1	8747	13.1	8669	12.1
河南	2355	13.1	2684	13.9	2660	12.9	2636	11.9
湖北	1325	16.7	1474	11.2	1460	10.2	1447	9.2
湖南	1177	16.4	1342	14.0	1330	13.0	1318	12.0
江西	700	14.9	842	20.3	835	19.3	828	18.3
四川	1550	17.0	1766	13.9	1750	12.9	1734	11.9
重庆	626	17.2	718	14.7	711	13.7	705	12.7
东北电网	3308	12.4	3644	10.2	3611	9.2	3578	8.2
辽宁	1717	15.4	1892	10.2	1875	9.2	1858	8.2
吉林	572	11.0	637	11.4	632	10.4	626	9.4
黑龙江	740	7.5	800	8.1	793	7.1	786	6.1
蒙东	278	11.1	314	12.8	311	11.8	308	10.8
西北电网	3316	18.7	3967	19.6	3934	18.6	3901	17.6
陕西	853	15.3	969	13.5	960	12.5	951	11.5
甘肃	803	13.8	935	16.4	927	15.4	919	14.4

续表

地区	2010年实际		2011年预计					
			高方案		中方案		低方案	
	用电量（亿kW·h）	增速（%）	高方案（亿kW·h）	增速（%）	中方案（亿kW·h）	增速（%）	低方案（亿kW·h）	增速（%）
青海	465	37.9	554	19.1	549	18.1	545	17.1
宁夏	547	18.2	688	25.7	682	24.7	677	23.7
新疆	648	18.2	822	26.9	815	25.9	809	24.9
西藏	20.4	15.3	22.6	10.9	22.4	9.9	22.2	8.9
南方电网	7047	12.9	7927	12.5	7857	11.5	7787	10.5
广东	4060	12.5	4475	10.2	4434	9.2	4393	8.2
广西	993	15.9	1132	14.0	1122	13.0	1112	12.0
海南	158	18.1	184	16.2	182	15.2	180	14.2
贵州	836	11.4	957	14.5	949	13.5	941	12.5
云南	1000	12.3	1180	18.0	1170	17.0	1160	16.0

2011年，随着经济结构调整的逐步深入，经济向好势头进一步稳固，以及2010年下半年受抑制负荷的释放，预计各地区用电量将保持平稳较快增长。

华北地区在高耗能的拉动下能保持较快增长，预计全社会用电量为11 149亿～11 352亿kW·h，同比增长10.0%～12.0%。其中，蒙西用电量增长较快；河北、山西、山东等保持平稳较快增长；由于工业向周边地区转移，北京用电量增速略低于平均水平。

华东地区外向型经济比重较大，经过国际金融危机的洗礼，我国商品在世界的竞争力进一步增强。预计华东地区用电量将达到11 448亿～11 655亿kW·h，同比增长10.5%～12.5%。在海峡西岸经济区及多个产业集群的带动下，福建成为东部沿海先进制造业重要基地，用电量保持较快增长；安徽用电量继续保持较快增长；江苏、浙江在国际金融危机中，产品竞争力进一步增长，用电量增速较高；由于工业用电量逐步向外转移，上海用电量增速偏低。

华中地区由于电气化铁路、公路、水利设施等基础设施建设将进一步加强，承接东部地区的产业转移，工业用电量将会保持较高增长，从而推动全社会用电量的较快增长，预计华中地区全社会用电量 8669 亿～8824 亿 kW·h，同比增长 12.1%～14.1%，用电量增速也将高于全国平均水平。其中江西、重庆工业生产保持较快增长，拉动电力需求快速增长；四川、湖北、湖南和河南等省有望保持平稳较快增长。

东北地区由于用电量新增长点较少，用电增速仍然低于全国平均水平，2011 年全社会用电量将达到 3578 亿～3644 亿 kW·h，同比增长 8.2%～10.2%。

由于国家产业结构升级，东部等较为发达地区的高耗能行业向西部地区转移，西部地区用电量增速仍居于各地区之首，预计西北地区全社会用电量为 3901 亿～3967 亿 kW·h，同比增长 17.6%～19.6%。随着中央援疆政策的逐步落实和各种项目的逐步投产，新疆用电增速明显加快；甘肃、青海、宁夏用电量增速也明显高于全国平均水平。

南方地区在国际经济形势好转的拉动下，预计用电量达到 7787 亿～7927 亿 kW·h，同比增长 10.5%～12.5%。南方地区各省（区、市）发展不太均衡，其中广东经济实力明显高于其他各省（区、市）。预计 2011 年由于外贸情况继续向好，广东用电量增速有望保持平稳增长，其余各省（区、市）则保持较快增长。

7.3 2011 年电力负荷预测

结合近年来全国最大负荷利用小时数变化趋势，预计 2011 年全国最大负荷出现在夏季，各地区统调负荷将继续保持较快增长。其中，华北电网存在夏冬双高峰，预计 2011 年最大负荷同比增长 10.2%～12.1%；东北、西北电网的年最大负荷出现在冬季，分别增长 8.6%～10.6%和 14.9%～16.9%；华东、华中、南方电网最大年负荷出现在夏季，分别同比增长 13.7%～15.7%、13.8%～15.8%、12.0%～14.0%，具体见表 7-7。

表 7-7　　　　2011 年各地区统调负荷预测

地区	2010 年实际		2011 年预计					
			高方案		中方案		低方案	
	负荷（万 kW）	增速（%）	负荷（万 kW）	增速（%）	负荷（万 kW）	增速（%）	负荷（万 kW）	增速（%）
全国	61 500	14.0	70 296	14.3	69 683	13.3	69 069	12.3
华北电网（含蒙西）	14 729	15.1	16 517	12.1	16 372	11.2	16 227	10.2
京津唐	4676	16.8	5217	11.6	5171	10.6	5124	9.6
北京	1666	16.9	1789	7.4	1772	6.4	1756	5.4
天津	1031	18.0	1184	14.9	1174	13.9	1164	12.9
河北南	2295	16.1	2611	13.8	2588	12.8	2565	11.8
山西	1968	2.4	2259	14.8	2239	13.8	2219	12.8
山东	4487	15.0	5158	15.0	5113	14.0	5069	13.0
蒙西	1261	5.8	1500	18.9	1487	17.9	1475	16.9
华东电网	16 606	15.4	19 214	15.7	19 048	14.7	18 882	13.7
上海	2621	10.1	2867	9.4	2841	8.4	2814	7.4
江苏	6034	15.4	7016	16.3	6956	15.3	6895	14.3
浙江	4183	13.1	4860	16.2	4818	15.2	4776	14.2
安徽	1871	17.2	2181	16.6	2163	15.6	2144	14.6
福建	2218	15.9	2661	20.0	2639	19.0	2617	18.0
华中电网	11 118	17.5	12 871	15.8	12 760	14.8	12 649	13.8
河南	3608	15.4	4130	14.5	4093	13.5	4057	12.5
湖北	2206	17.3	2552	15.7	2530	14.7	2508	13.7

续表

地区	2010年实际		2011年预计					
			高方案		中方案		低方案	
	负荷（万 kW）	增速（%）	负荷（万 kW）	增速（%）	负荷（万 kW）	增速（%）	负荷（万 kW）	增速（%）
湖南	1716	13.1	1967	14.7	1950	13.7	1933	12.7
江西	1139	16.9	1351	18.6	1340	17.6	1328	16.6
四川	2091	15.1	2430	16.2	2409	15.2	2388	14.2
重庆	1025	15.7	1213	18.4	1203	17.4	1193	16.4
东北电网	4318	10.5	4777	10.6	4733	9.6	4690	8.6
辽宁	2002	10.1	2216	10.7	2196	9.7	2176	8.7
吉林	872	8.6	978	12.1	969	11.1	960	10.1
黑龙江	858	2.1	935	9.0	926	8.0	918	7.0
蒙东	284		313	10.3	311	9.3	308	8.3
西北电网	4255	12.4	4976	16.9	4933	15.9	4891	14.9
陕西	1271	9.9	1432	12.7	1419	11.7	1407	10.7
甘肃	1020	18.5	1201	17.7	1190	16.7	1180	15.7
青海	596	15.1	696	16.8	690	15.8	684	14.8
宁夏	751	6.8	882	17.5	875	16.5	867	15.5
新疆	748	15.1	918	22.7	911	21.7	903	20.7
西藏	38	6.9	44.2	16.4	43.8	15.4	43.5	14.4
南方电网	10 436	8.8	11 897	14.0	11 792	13.0	11 687	12.0
广东	6956	9.4	7915	13.8	7846	12.8	7776	11.8
广西	1244	0.3	1417	13.9	1405	12.9	1392	11.9
海南	230	1.2	266	15.4	263	14.4	261	13.4
贵州	1321	11.5	1506	14.0	1493	13.0	1479	12.0
云南	1265	21.7	1454	14.9	1441	13.9	1428	12.9

数据来源：根据国家电网公司报表测算。

7.4 “十二五”全国电力需求展望

“十二五”期间，我国仍处于全面建设小康社会的关键时期，工业化、城镇化、国际化进程持续快速推进，投资消费成为拉动经济增长的重要动力源泉：投资将主要侧重于战略性新兴产业、基础设施建设、医疗卫生和教育等领域，而投资结构也将更趋优化；汽车、住房消费继续扩大，加快发展服务业，服务性消费不断提高。坚持实施扩大内需战略，充分挖掘我国内需的巨大潜力，加快形成消费、投资、出口协调拉动经济增长的新局面。我国产业结构更趋优化，经济总体保持平稳较快增长。预计“十二五”期间我国经济年均增长8.3%～9.3%。

从部分国家人均用电量3000～5000kW·h经历的时间来看，大部分国家用了10多年的时间，期间电力弹性系数远大于1，或接近于1。在节能减排工作力度不断深入的背景下，我国将走一条绿色、低碳、循环、可持续发展道路，“十二五”期间的电力弹性系数有望保持在1左右。

借鉴国外主要国家经济、电力发展历程，并分析我国经济发展情景，对我国电力需求总量及结构进行情景分析。预计2015年我国电力需求将达到5.8万亿～6.3万亿kW·h，“十二五”期间年均增长6.6%～8.5%，届时人均用电量将达到4300kW·h左右，人均生活用电量将达到600kW·h左右。由于第三产业和居民生活电力需求增长快于全社会用电量增长，其用电量比重呈上升趋势，第一产业和第二产业的用电量比重呈下降趋势。

8 2011 年电力供应能力预测

8.1 电源装机

2011 年，全国预计新增发电装机容量 9400 万 kW 左右。其中，水电、火电、风电、核电和其他类型机组装机容量分别占全部新增装机容量的 13.7%、67.6%、15.8%、1.8%和 1.1%，具体见图 8-1。

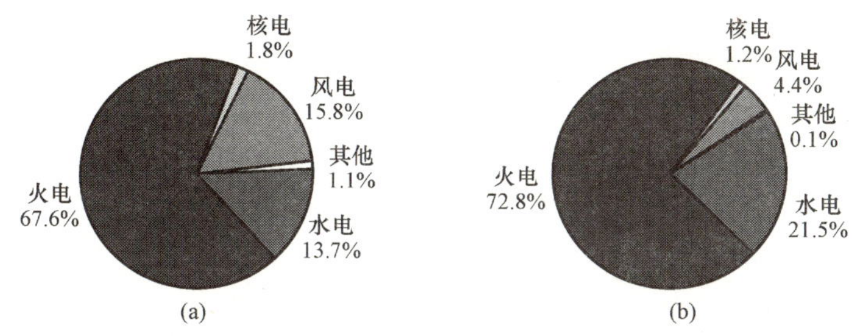

图 8-1 2011 年全国装机容量结构

(a) 2011 年全国新增装机容量结构；(b) 2011 年底全国装机容量结构

分地区来看，华北（含蒙西，下同）、华中地区新增装机容量最多，分别占全国的 22.5%、20.5%；西北、东北、南方、华东地区新增装机容量比重分别为 15.2%、14.5%、14.1%、13.2%。截至 2011 年底，华北、华东、华中、南方地区装机容量分别占全国总装机容量的 22.3%、20.5%、20.6%、17.3%，西北、东北地区装机容量分别占全国总装机容量的 9.7%、9.6%，具体见图 8-2。

扣除退役机组后，预计 2011 年底全国装机容量将达到 10.5 亿 kW 左右，装机容量增速为 9.6%，低于用电量增速。其中，水电装机容量为 2.3 亿 kW，占全国总装机容量的 21.5%；火电装机容量为 7.7 亿 kW，

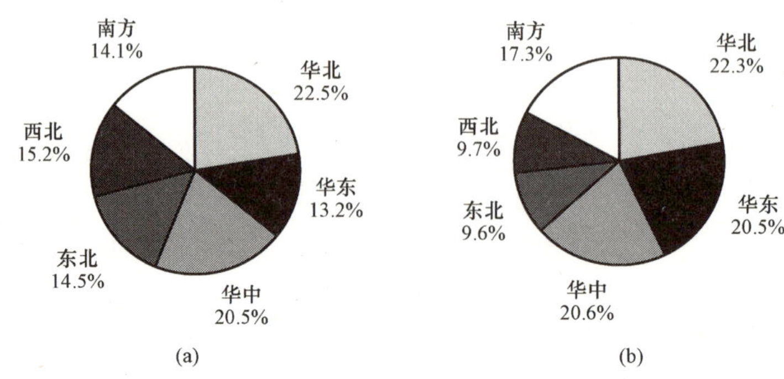

图 8－2 2011 年全国装机容量地区分布

(a) 2011 年分地区新增装机容量；(b) 2011 年底分地区装机容量

占全国总装机总量的 72.8%，装机容量比重进一步下降；核电装机容量为 1255 万 kW，占全国总装机容量的 1.2%；风电装机容量为 4596 万 kW，占全国总装机容量的 4.4%；其他类型机组装机容量为 134 万 kW，占全国总装机容量的 0.1%。2011 年底，蒙西、辽宁、吉林、蒙东、甘肃、京津唐等六个电网风电装机容量将超过 400 万 kW，其中风电装机容量占本地装机容量比重最大的甘肃、蒙西、蒙东和吉林均接近 20%，给电网调峰带来较大的困难。

受火电企业近几年持续亏损的影响，投资建设火电厂的积极性大幅下降，火电投资比例由 2009 年的 40%下降至 2010 年的 36%，2011 年第一季度继续下滑至 33.8%，甚至出现已核准火电项目暂缓建设的现象，将对未来两年的电力供需形势产生不利影响。风电装机容量虽然每年有 1000 万 kW 的新增容量，但由于来风的随机性，在电网高峰负荷期间可参与平衡的容量不多。虽然目前每年的投产容量仍然有 9000 万 kW，但新增可发电量❶低于用电量增长。2000 年以

❶ 可发电量＝水电装机容量×水电利用小时数＋火电装机容量×火电利用小时数＋核电装机容量×核电利用小时数＋风电装机容量×风电利用小时数。

来全国新增可发电量见图8-3。

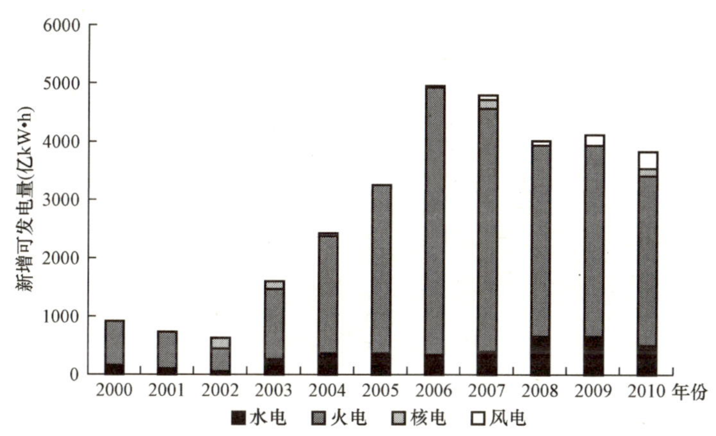

图8-3　2000年以来全国新增可发电量

此外，根据中电联统计，截至2011年3月底，全国在建规模仅为18 773万kW，其中水电、火电、核电、风电分别为7317万、7052万、3025万和1354万kW，小于“十一五”年均在建规模。目前，受日本核电事故的影响，我国核电建设进度有所放缓；水电建设周期长，受环保、移民等方面制约，新开工项目进展缓慢；风电发展较快，但发电利用小时数较低，等效容量小。“十二五”期间的电源储备已显不足。

8.2　电网建设

2011年作为落实“十二五”发展目标的第一年，电网企业将进一步加大电网项目前期工作力度，加快推进特高压电网和配电网建设。重点工程包括：宁东—山东直流工程已于2月投运，三沪二回已于3月投运；特高压交流示范工程扩建将进一步增强华北、华中水火互济能力；青藏直流工程年内投产将极大缓解西藏电网电力供需紧张问题；此外，锡盟—南京、锦屏—苏南、淮南—上海、蒙西—长沙等特高压工程建设列入2011年全国能源重点工作。2011年跨区通道能力将新增780万kW（宁东Ⅱ极200万kW，三沪二回300万kW，特高压交流示范工程扩建280万kW），新增能力远远低于负荷增长。

规划预计到“十二五”末，全国将形成“三华”（华北—华中—华东）、东北、西北、南方四大同步电网。随着国家推进新农村建设，城镇化步伐明显加快，需要以改善民生为重点，加大城市和农村配电网投入，打造以服务为目标的电网平台，有效解决配电网薄弱问题，提高电网供应保障能力，提高电网供电质量和供电可靠性。

8.3 电煤供应

2011年，从总量来看，预计全国电煤供需有望实现基本平衡，但部分地区受运力不足、煤价偏高等因素的影响，电煤供需矛盾较为突出。

从供应侧来看，国内市场，山西、陕西、内蒙古等主要产煤省（区）的地方整合煤矿将迎来大规模的投产，煤炭资源整合成效将进一步得到体现；河北、河南、黑龙江、云南、贵州等省加大资源整合力度，可能对煤炭的有效供给产生一定的影响。据中国煤炭运销协会估计，2011年全国煤炭资源供应总量将比2010年增加3亿t左右。国际市场，尽管澳大利亚等传统进口国的煤炭性价比优势已经基本丧失、煤炭进口数量很难再上新台阶，但印度尼西亚、越南、俄罗斯、蒙古等国仍将扩大对我国煤炭的出口，作为我国特别是东南沿海电厂的重要补充。

从需求侧来看，综合考虑火力发电量、供热量及相关煤耗水平，电力供需研究实验室预计，2011年全国电力行业耗煤将达到19亿t左右，增长8%～10%。

从价格来看，国际经济的复苏，将带动煤炭需求的增长；此外，受北非局势不稳，以及日本福岛核电事故等的影响，国际煤价趋于上涨。国内煤炭产业整合力度加大后，煤炭企业的定价权加大，加上主要用煤行业仍保持较快的增长态势，预计 2011 年煤炭市场价格仍保持较高水平。秦皇岛 5500kcal 煤炭价格见图 8-4。

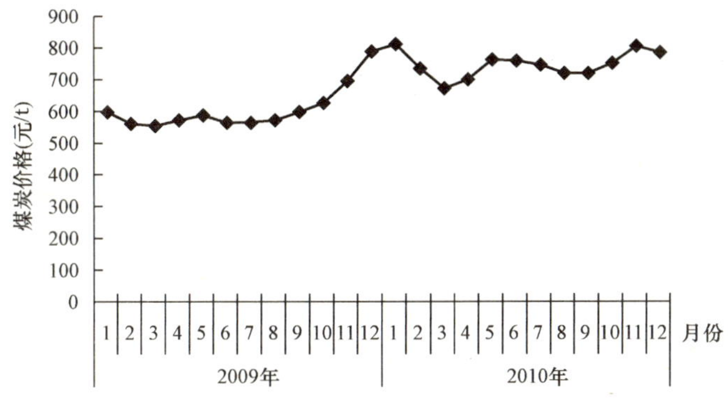

图 8-4 秦皇岛 5500kcal 煤炭价格

2011 年主要的新增运输能力是大秦线的 5000 万 t，朔黄线的 1000 万 t，华中地区电煤运输状况没有根本改变。预计 2011 年电煤运输依然不容乐观。

分月来看，1 月在部分高耗能企业生产恢复、低温天气、水电出力下降、电厂“节日储备”等因素的综合作用下，电力和电煤需求上升较多，由于铁路直达运力不足，加之春节客运挤压货运，“三华”多个省（市）出现电煤供需偏紧。进入 2 月，由于假日停工，电煤需求明显回落，供需形势趋于缓和。3—5 月，电煤供需保持总体平衡、局部偏紧的基本格局。迎峰度夏和迎峰度冬期间，全国电煤供需形势将由“平衡”转为“偏紧”，局部地区可能因负荷过快攀升、煤价持续上涨、电厂存煤不足、极端天气等原因，电煤供需矛盾较为突出，将是影响电力供需的主要因素。

虽然 4 月以来，国家上调了 15 个省（区、市）上网电价，但秦皇岛港市场煤价已经连续十周上涨，上网电价上调的调控作用很快被煤价持续上涨所抵消。预计迎峰度夏期间，全国经营区域缺煤停机、煤质下降影响机组出力超过 1000 万 kW，非计划停运现象增多。迎峰度冬期间，由于水电出力下降，电力电量平衡对火电的依赖度进一步上升，华中、华东、华北、南方地区缺煤停机现象可能进一步增多。各省（区、市）中，江苏、浙江、广东等省受电煤供应制约较小，而湖北、湖南、河南、江西及山西、安徽、陕西、贵州等省的电煤供应存在较大的不确定性，对 2011 年电力供需形势带来重要影响。

9

2011年电力供需形势预计

9.1 2011年全国电力供需形势预计

按照如下边界条件对2011年全国及各地区电力电量平衡情况进行分析：

（1）全国发电装机容量达到10.5亿kW。

（2）电力需求同比增长12.0%。

（3）检修容量、受阻容量根据近年来的占比考虑，风电考虑保证率10%。

（4）输入输出电力和电量按照往年交易执行情况和预计增长情况考虑。

（5）负荷备用容量和事故备用容量合计按3%～8%考虑。

（6）水电按照平偏枯来水概率考虑，核电设备利用小时数按7800h考虑，风电设备利用小时数按2050h考虑。

迎峰度夏期间，跨区跨省交易按照通道能力安排，跨区送华北最大电力1365万kW，跨区送华东最大电力1347万kW，跨区送华中最大电力783万kW，跨区送南方最大电力300万kW。特高压直流、高岭直流、灵宝直流、银东直流均排满，无法将东北、西北电网富余的电力增送“三华”电网。

考虑各月负荷水平后，预计2011年，全国电力供需总体偏紧。受电煤供应不足、来水偏枯及极端气候等因素的影响，局部地区部分时段电力供需紧张；其中，华北、华东、华中、南方电网电力供需偏紧，东北、西北电网电力供应富余。全国电力供需指数处于偏紧区域［如图 9-1（a）所示］，电量平衡指数处于平衡区间［如图 9-1（b）所示］，表明 2011 年仍以缺少电力为主。预计全国发电设备利用小时数为 4722h，比 2010 年上升 62h；其中火电设备利用小时数为 5247h，上升 216h。电力供需偏紧的时段主要在 1、7、8 月和 12 月。

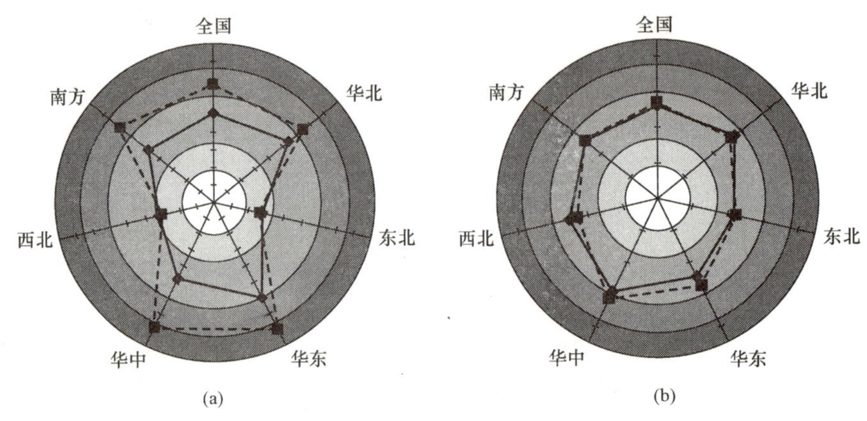

图 9-1 2011 年各区域电网电力、电量平衡指数

（a）电力平衡指数；（b）电量平衡指数

注：实线代表 2010 年，为实际测算值；虚线代表 2011 年，为预测值。指数图中从外向内依次为紧张、偏紧、平衡、宽松、富余。

其中第一季度，全国电力供需总体偏紧。受电煤供应短缺和个别地区装机不足等因素的影响，全国有 20 个省级电网出现电力供需紧张形势。其中，华东、华中电网电力供需紧张，华北、南方电网电力供需偏紧，西北电网电力供需总体平衡，东北电网电力供需平衡有余。其中，江苏、浙江、广东电网电力缺口为 785 万、330 万、400 万 kW，分别占负荷的 14%、8.2%、6.9%。

迎峰度夏期间，预计全国大部分地区气温较常年同期偏高，电力需求将维持在较高水平，全国全社会用电量为 1.27 万亿 kW·h，同比增长 11.8%。预计京津唐、河北、江苏、浙江、安徽、重庆、湖北、湖南、江西、陕西、广东、贵州等省级电网电力供需紧张。若来水较常年偏枯，又遇极端持续高温天气，电力供需紧张形势将进一步扩大。

迎峰度冬期间，由于水电枯水期出力下降，电力电量平衡对电煤的依赖性增强。受运力限制及水电进入枯水期的影响，华中地区电力供需形势严峻，华东、华北、南方地区电力供需形势继续紧张。

根据目前的电源和电网建设情况，受电源投产容量逐年下降、跨区跨省输送通道建设滞后的影响，预计“十二五”期初，全国缺电范围将进一步扩大，缺电程度将进一步加剧。

9.2　2011 年分地区电力供需形势预计

预计 2011 年华北电网（含蒙西）电力供需总体偏紧，迎峰度夏期间电力缺口为 700 万～800 万 kW，迎峰度冬期间电力缺口约为 400 万 kW，全年火电利用小时数为 5162h，同比上升 84h。京津唐电网电力供需平衡偏紧，电力缺口为 400 万 kW 左右；河北南网电力供需平衡偏紧，电力缺口为 220 万～250 万 kW；山西电网夏季电力供应有一定富余，冬季电力供需平衡；山东电网夏季、冬季用电高峰电力供需形势偏紧；内蒙古电网电力供需平衡有余。

预计 2011 年华东电网电力供需偏紧，迎峰度夏期间电力缺口为 1700 万～2000 万 kW，迎峰度冬期间电力缺口约为 1100 万 kW，全年火电利用小时数为 5850h，同比提高 634h。迎峰度夏期间，上海电网电力缺口为 120 万～150 万 kW，需加大区外来电，迎峰度冬期间，上海电网电力供需平衡；江苏电网和浙江电网电力供应紧张，迎峰度夏期间电力缺口将达到 1030 万 kW（未核准机组不参与平衡）和 410 万～480 万 kW，迎峰度冬期间电力缺口分别达到 600 万、500 万 kW 左右；安徽电网迎峰度夏期间，电力供需偏紧，电力缺口为 180 万～

210 万 kW，其余时间有一定富余；福建电网全年电力供需平衡有余。

预计 2011 年华中电网电力供需偏紧，电力缺口为 600 万～1200 万 kW，迎峰度冬期间（枯水期）电力供需形势更为严峻，达到 1300 万 kW 左右，全年火电利用小时数为 5272h，同比上升 507h。河南电网迎峰度夏、迎峰度冬期间电力供应偏紧，电力缺口约为 300 万 kW；湖北电网夏季电力供需基本平衡，若持续高温少雨，夏季将出现 220 万 kW 的电力缺口；冬季电力缺口约为 360 万 kW；湖南电网电力供应偏紧，夏季缺口约 220 万 kW，冬季电力缺口约为 360 万 kW；江西电网电力供应偏紧，电力缺口约为 100 万 kW；重庆电网电力供需紧张，电力缺口为 250 万～280 万 kW；四川电网电力供需平衡有余。

预计 2011 年东北电网电力供应富余约 1300 万 kW，全年火电利用小时数为 4428h，同比下降 295h。辽宁电网由于新增装机容量较多，电力供需平衡；吉林新增装机机组较多，电力供应有盈余；黑龙江电网电力依然富余较多；蒙东电网电力供应充足。

预计 2011 年西北电网电力供应富余约 1400 万 kW，全年火电利用小时数为 5280h，同比上升 185h。若电煤供应基本正常，则陕西电网电力供需平衡；甘肃、宁夏电网电力供需平衡有余；青海电网枯水期电量有缺口，其他时段平衡有余；新疆电力供需平衡，但受网络限制，局部地区高峰时段电力供应紧张。

西藏电网由于电力供应不足、电力增长较快，且年最大负荷发生在枯水期等因素，年初电力供需紧张，如青藏联网工程在年底投运，则西藏电网电力供需形势将比 2010 年明显好转。

预计 2011 年南方电网电力供需平衡偏紧，电力缺口为 300 万～500 万 kW，全年火电利用小时数为 5227h，同比上升 269h。广东电网电力供需偏紧，最大电力缺口约为 400 万 kW，迎峰度夏期间由于祯宝线投产及西电东送电量的增加，电力缺口有望降到 200 万～300 万 kW；云南、广西枯水季节电力供需基本平衡，其余时段电力供应略有富余；贵州受煤炭供应的制约较大，迎峰度夏期间电力缺口为 100 万～200 万 kW，若汛期电煤库存不能恢复到合理水平，迎峰度冬期间电力供应将面临极大困难；海南电网由于负荷增长较快，且受海底电缆检修影响，电力供应偏紧，电力缺口约为 20 万 kW。2011 年各地区发电设备利用小时数预计见表 9 - 1。

表 9 - 1　　2011 年各地区发电设备利用小时数预计　　h

地区	平均设备利用小时数		其中：火电	
	2010 年（实际）	2011 年（预计）	2010 年（实际）	2011 年（预计）
全国	4660	4722	5031	5247
华北	4834	4817	5078	5162
京津唐	4973	4857	5589	4787
河北南	5091	5253	5462	5570
山西	5060	4684	5211	4891
山东	5041	5532	5178	5805
蒙西	4147	3161	4442	3592
华东	5027	5381	5216	5850
上海	4812	4687	4829	4712
江苏	5573	5604	5647	5699
浙江	4894	5749	5203	5905
安徽	5085	5377	5235	5561
福建	4253	4321	4352	5084
华中	4372	4680	4765	5272
河南	4856	5000	5071	5213
湖北	4289	4284	4507	5234
湖南	3972	3846	4577	4819
江西	4129	4715	4392	4957

续表

地区	平均设备利用小时数		其中：火电	
	2010 年（实际）	2011 年（预计）	2010 年（实际）	2011 年（预计）
四川	4258	4222	4506	3863
重庆	4423	5058	5051	6222
东北	4273	4089	4723	4428
辽宁	4639	4492	4916	4741
吉林	3776	3458	4514	3760
黑龙江	4086	4027	4385	4687
蒙东	4400	3871	5036	3900
西北	4744	4506	5094	5280
陕西	4583	4461	4700	4586
甘肃	4410	3862	4665	4396
青海	4501	3728	5615	6458
宁夏	5842	6133	6214	6505
新疆	4862	3619	5326	4058
南方	4455	4497	4958	5227

9.3 相关建议

针对 2011 年电力供需形势及“十二五”电力需求增长情况，提出如下建议：

(1) 加强煤电运协调，保证电煤可靠供应。

近年来，电煤供应问题已经成为影响电力供需的重要因素。2011 年要关注物价上涨过快使得煤价上涨预期增大，如果电价不能及时调整，火电企业亏损面将进一步增大，对电力供应产生不利影响。

建议煤炭企业合理安排煤炭生产，与发电企业签订长期供应合同并切实履行合同；建议电力公司及时跟踪分析电煤的供需形势及电厂库存变化情况，科学安排机组运行方式，确保电力正常供应；建议国家相关部门加强煤炭、电力、铁路、港口等部门的协调，保证电煤的可靠供应；核定煤、电成本和利润，积极调控煤价，及时调整电价，理顺煤价与电价关系，疏导煤价与电价矛盾，促进煤炭与电力行业协调可持续发展。

（2）大力推进电力需求侧管理工作，缓解电力供需紧张矛盾。

电力需求侧管理是科学、合理、有效用电的一项重要措施，近年来，各地通过实施电力需求侧管理取得了明显节电效果，有效支撑了国家节能减排目标的实现。

切实贯彻落实《电力需求侧管理办法》和《有序用电管理办法》，深入推动电力需求侧管理工作的开展；认真履行电网企业在电力需求侧管理中的实施主体职责，配合政府不断完善有序用电方案，运用科学合理的需求侧管理手段，缓解用电高峰的电力供需紧张情况。及时发布电力供需信息，引导社会科学用电、节约用电。

（3）加快电网建设，尽快核准开工一批跨区输电工程。

发展特高压已纳入国家“十二五”规划纲要，为增强电网资源优化配置能力，缓解2012、2013年电力供需紧张局势，需要加快包括特高压在内的跨区输电工程建设进度，扩大西电东送规模。

建议将“十二五”规划建设的特高压电网项目纳入能源、电力、电网等国家专项规划。支持特高压输电技术的发展和应用，加快跨区跨省电网建设，充分发挥大电网优化配置能源资源的作用，提高能源利用效率。近期应尽快核准一批特高压交直流工程，争取项目早开工，早投运，否则“十二五”期初的电力供需形势将日趋严峻。

（4）优化电源结构，保持合理的电源建设规模。

“十二五”期间，我国仍处于工业化、城镇化共同推动的发展阶段，经济和电力仍将保持较快增长，电力工业仍需保持较快的发展。

近期要充分挖掘资源潜力，尽快核准部分地区业已建成的未核准发电机组，或者允许其顶峰发电。中长期要根据我国的资源禀赋状况，按照“控制东部、稳定中部、开发西部”的原则，严格控制中、东部地区火电建设规模，优化电源地区布局；加大清洁煤发电等先进技术的研发、示范和推广；加快水电特别是西南重点流域水电项目的开发进度，科学布局、稳步推进抽水蓄能项目建设；在确保安全的基础上高效发展核电，下大力气提高核电在电源结构中的比重；加强风电和太阳能光伏发电的统筹规划与运营管理，促进可再生能源发电项目的有序、快速发展；保持合理的电源开工规模及在建规模，为满足“十二五”期间较快增长的电力需求做好充分准备。

（5）推进能源价格改革，构建科学合理的电价形成机制。

2010 年，我国发电企业火电业务全面亏损，计划电与市场煤的矛盾已经越积越深，煤电价格机制成为影响电力供需平衡的重要因素。

构建煤、油、气、电之间合理的能源比价关系，在其他能源价格完全或基本市场化的情况下，要充分发挥价格信号的市场传导作用，尽快理顺煤电价格关系，建立科学合理的电价形成机制。一方面，完善煤电联动政策，避免电力企业出现长期政策性亏损，提高发电企业积极性。另一方面，加快电价改革，使电价真正反映电力资源的稀缺程度，通过价格杠杆推动我国粗放式生产和生活方式的转变，抑制高耗能产业和其他行业不合理的能源需求。

（6）大力推进节能减排工作，加快建立节能减排的长效机制。

“十一五”期间，我国节能减排取得了重要成就，也初步形成了促进节能减排的机制，但还需要进一步完善。近期运行情况表明，节能减排对行政管理的依赖程度依然过高，依靠行政命令，实行“一刀切”的管理办法控制能源消耗，易产生一定的负面效果，而且难以持续。

应当以市场为基础，针对各地区资源禀赋、产业结构和发展阶段的差异，更加公平合理地分配节能减排指标，积极探索有利于结构优化、技术进步、资源消耗和污染排放逐步降低的运行机制，不断巩固和提高节能减排成效。

专题研究篇

10

黑色金属行业用电分析与预测

10.1 “十一五”期间行业经济运行

（一）生产

2010年，我国粗钢产量达6.27亿t，占全球粗钢产量的44.3%，连续多年位居世界首位；粗钢产量同比增长9.3%，相比2009年下降了3.6个百分点，主要是由节能减排工作力度较大所致；“十一五”期间年均增长12.1%，相比“十五”期间年均增速回落了10.3个百分点，钢铁行业由20%左右的高速增长逐渐回落，但总体仍保持了快速增长，有力地支持了“十一五”期间我国国民经济的快速发展。2000年以来我国粗钢产量及增速见图10-1。

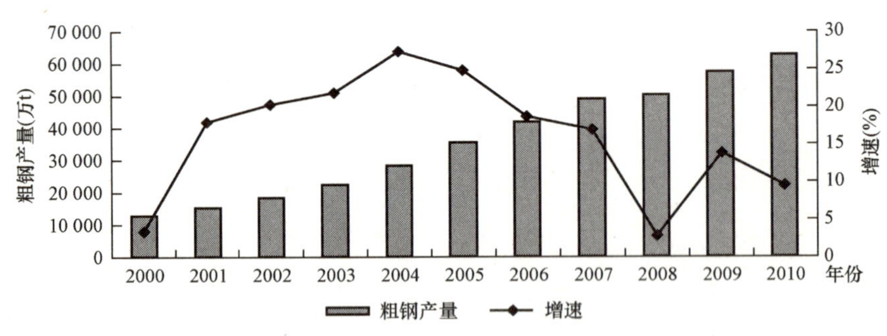

图10-1 2000年以来我国粗钢产量及增速

（二）产品结构

2005年以来，我国钢铁行业大力开发和生产国内相对短缺的钢材品种，钢材品种和质量不断提升，国产钢材的市场竞争力不断提高，钢材进口量呈下降趋势，出口量不断增加，国产钢材市场占有率不断提高，2005 年我国国产钢材市场占有率为 92%，2010 年提升至 98%。产品结构不断优化，板材产量增长总体快于长材，板管带比逐步提高，2010 年达到 54.4%，相比 2005 年提高了 5.3 个百分点，具体见图 10-2。

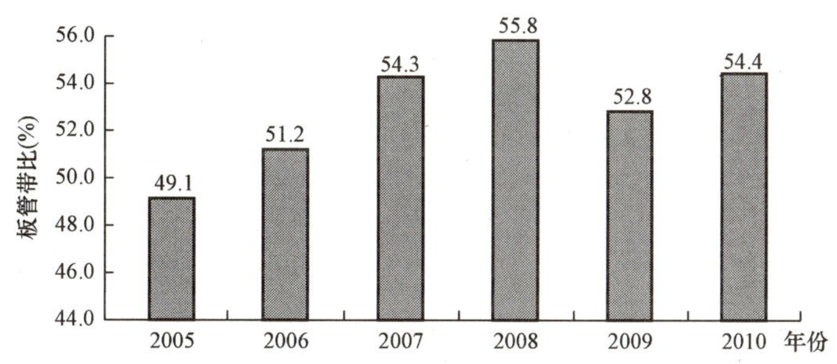

图 10-2　2005 年以来我国板管带比变化情况

（三）产业结构

纵观整个“十一五”期间，钢铁企业联合重组取得了突破性进展，一批具有代表性的钢铁企业不断形成。优势企业集团跨地区重组加快，宝钢集团重组新疆八一钢铁、广东钢铁和宁波钢铁，鞍钢集团重组攀钢集团和天铁冷轧，武钢集团重组昆钢、柳钢和鄂钢，首钢集团重组水城钢铁、贵阳特钢、长治钢铁和通化钢铁。区域内钢铁企业联合重组形成了一定规模，河北省唐钢、邯钢、宣钢、承钢、石钢和舞钢成立为河北钢铁集团，山东省济钢、莱钢、日照钢铁合并成山东钢铁集团，湖南省湘钢、涟钢和衡阳钢管组成了湖南华菱钢铁集团，大连特钢、抚顺特钢和北满特钢组建了东北特钢集团。

钢铁企业的兼并重组进一步提高了产业集中度，2005 年我国排名前十的钢铁企业粗钢产量占全国粗钢产量的 35.4%，2009 年提高至 43.5%，年均提高了 1.6 个百分点。2010 年，随着鞍钢重组攀钢、本钢兼并北台、首钢重组通钢、天津渤海钢铁集团的组建，产业集中度又进一步提高，排名前十位钢铁企业粗钢产量比重进一步升至48.1%。

（四）进出口

2005年以前中国一直是钢的净进口国。其中，2003年和2004年由于钢产量供不应求，钢材市场价格处于长达三年的基本稳定上升状态，使多数钢铁企业发展的着眼点放到了扩大规模、追求产量扩张上来，进而导致了钢材进口规模逐渐减小而出口量急速放大。“十一五”期间，钢铁出口量持续高于进口量，我国累计出口钢材达到2.53亿t，年均增加441万t，平均增长率达到15.7%，由于金融危机的影响，增速相比“十五”期间下降了11.3个百分点。2010年，我国出口钢材4256万t，同比增长73%；进口钢材1643万t，下降6.8%。全年钢材、钢坯折合粗钢净出口2730万t（2009年净出口286万t）。2000年以来我国钢材进出口量变化见图10-3。

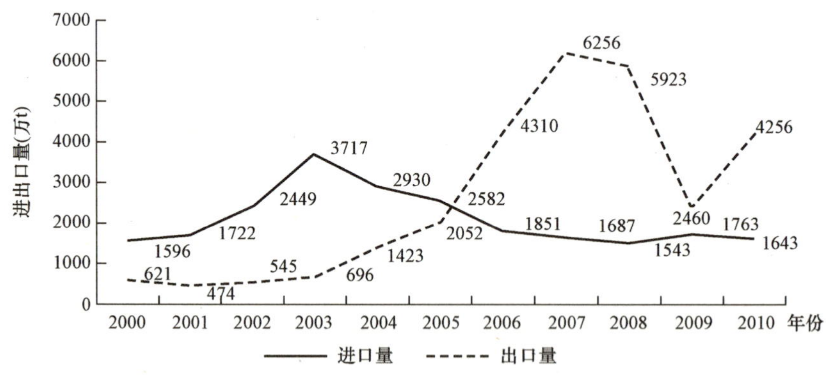

图10-3 2000年以来我国钢材进出口量变化

（五）价格

2010年，钢材价格上半年先升后降，下半年震荡上行。国内市场钢材综合价格指数由年初的107.23上升到4月中旬的126.4高点之后冲高回落，于7月中旬跌至110.61的年内低点后见底回升，于12月末达到128.3的年内又一次高点，比2009年末提高了21.9点，具体见图 10－4。据钢铁工业协会统计，12 月末，6.5mm 普线、16mm 螺纹钢、10mm 中厚板价格分别为 4674、4680、4881 元/t，分别比年初上涨了 22%、21.7%、18.2%；0.5mm 热轧薄板和 0.5mm 冷轧薄板价格分别为 5084 元/t 和 5803 元/t，分别比年初上涨了 17.4%和 1.7%。

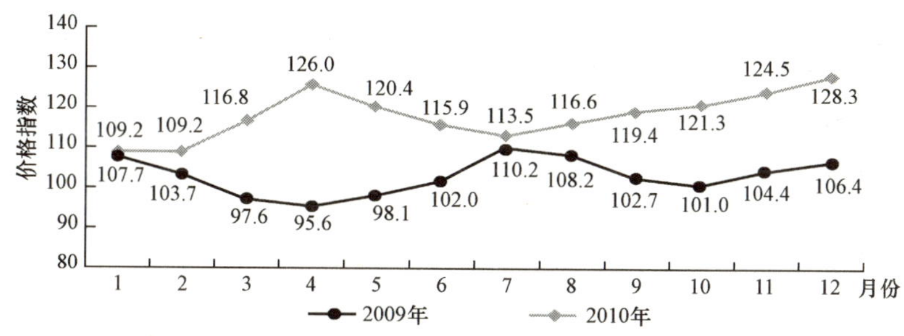

图 10－4 2010 年我国国内钢材综合价格指数

（六）节能减排

“十一五”期间，我国加大了淘汰落后产能力度，钢铁工业淘汰落后产能工作稳步推进。2010 年，按照我国下达的 2010 年淘汰落后产能目标分解任务，全年计划淘汰落后炼铁和炼钢能力 3524 万 t 和 921 万 t。“十一五”期间我国累计分别淘汰落后炼铁能力 11 700 万 t、炼钢能力 6900 万 t，分别完成了“十一五”预期目标任务的 117%、126%，超额完成淘汰落后产能任务。

“十一五”期间，我国钢铁企业加大了节能减排工作力度，大力推广高温高压干熄焦、干法除尘、煤气余热余压回收利用、烧结烟气脱硫、水循环利用等循环经济和节能减排新技术、新工艺，节能水平不断提高，污染物排放不断减少，节能减排指标取得了新进展。2005 年，我国重点统计钢铁企业吨钢综合能耗、吨钢耗新水分别为 741kgce 和 8t 新水，2010 年分别降至 605kgce 和 4.1t 新水，年均下降了 4.6%和 16.1%。2010 年，我国重点统计钢铁企业二氧化硫和烟粉尘排放量同比下降了 8.8%和 11.3%。

10.2 “十一五”期间行业用电量分析

黑色金属行业用电量明显反弹，但增速逐月走低。2010 年，我国黑色金属冶炼及压延加工业用电量达到 4717 亿 kW·h，同比增长 15.9%，增速相比 2009 年提高了 8.6 个百分点。逐月来看，黑色金属行业累计用电量增速稳定回落。一方面是由于 2009 年基数逐渐提高所致；另一方面是 2010 年下半年以来部分地区节能减排力度空前，限产限电措施对钢铁企业生产造成了不小的影响，行业用电量增速也因此逐月回落。由于生产明显反弹，黑色金属行业用电量总体快于全社会水平，具体见图 10-5。

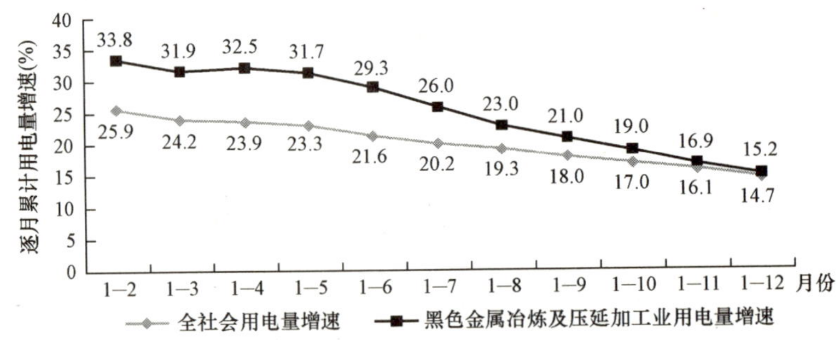

图 10-5 2010 年我国黑色金属冶炼及压延加工业逐月累计用电量增速

“十一五”期间，黑色金属行业用电量年均增长 13.1%，快于同期粗钢产量年均增速 1 个百分点；行业用电量增速波动与粗钢产量增速基本一致，粗钢产量的增长情况直接影响黑色金属行业的用电量增速，具体见图 10-6。

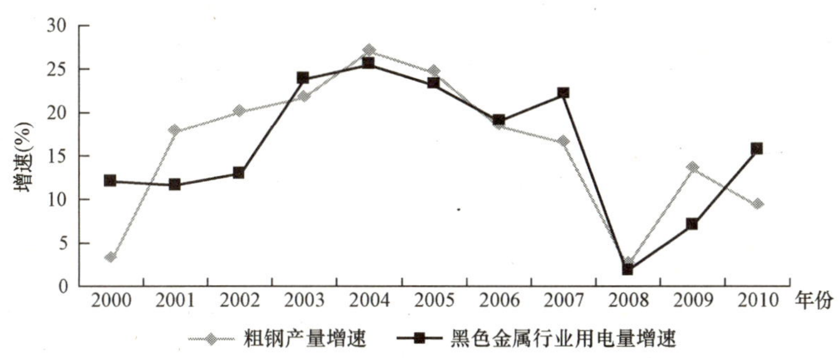

图 10-6 2000 年以来我国黑色金属行业用电量及粗钢产量增速

10.3 “十二五”期间电力需求预测

“十二五”期间，我国经济仍将处于工业化中期向后期转变的阶段，工业化发展进一步加速，钢铁产品需求仍将保持较高水平；2009 年我国城镇化率为 47%，与发达国家相比仍有较大差距，未来一段时间内我国城镇化仍将处于快速推进时期，对钢铁需求的拉动作用不减。因此，“十二五”期间，在我国工业化和城镇化快速发展的推动和支撑下，钢铁行业需求仍将保持增长态势。

根据钢铁行业“十二五”规划草案，未来五年钢铁行业将重点满足高速铁路、城市轨道交通、海洋工程和海上石油开采、大型和特殊性能船舶、节能环保汽车、特高压电网等领域的需求，钢铁产品需求的“特殊化”发展保证了行业的快速发展。根据 2011 年 2 月 21 日出台的《钢铁工业“十二五”发展战略建议》，预计“十二五”期间国内粗钢消费需求年均增速在 2.6%～4.6%，粗钢消费量将达到 6.7 亿～7.5 亿 t。由于国外需求的不确定性，未来我国钢铁仍将以内需拉动为主，在此基础上预测 2015 年我国粗钢产量约为 7 亿～7.8 亿 t，同比增长 2.2%～4.5%。

我国钢铁行业目前原材料欠缺、兼并重组前路漫漫、行业利润萎缩、产能过剩等问题显露无遗，促使“十二五”期间钢铁行业由粗放型向集约型发展方式转变，结构调整将成为行业发展的主线，节能减排和淘汰落后产能常态化、兼并重组持续化、产品高端化差异化，钢铁行业能耗水平受其影响也将不断改善。单位钢铁产品电耗受到产品生产延伸、生产自动化水平提高、电炉钢比重提升等因素的影响，预计降幅不大，甚至有可能不降反升，综合考虑以上因素对吨钢电耗的影响，预计2015年黑色金属行业用电量约为5250亿～5850亿kW·h，“十二五”期间年均增长2.2%～4.4%。

11

有色金属行业用电分析与预测

11.1 “十一五”期间行业经济运行

“十一五”期间，有色金属行业在国民经济持续快速发展的拉动下，行业规模持续增加，技术装备水平得到显著提升，主要产品能耗水平明显下降。2010 年，通过积极实施《有色金属产业调整和振兴规划》，逐步巩固了金融危机以来的回升向好基础，实现了平稳较快增长。

（一）生产

“十一五”期间，我国有色金属行业产量稳步增长。2010 年，十种有色金属产量达到 3153 万 t，电解铝产量为 1565 万 t。“十一五”期间，十种有色金属产量年均增长 10.5%，电解铝产量年均增长 11.1%。2000 年以来十种有色金属和电解铝产量变化见图 11-1。

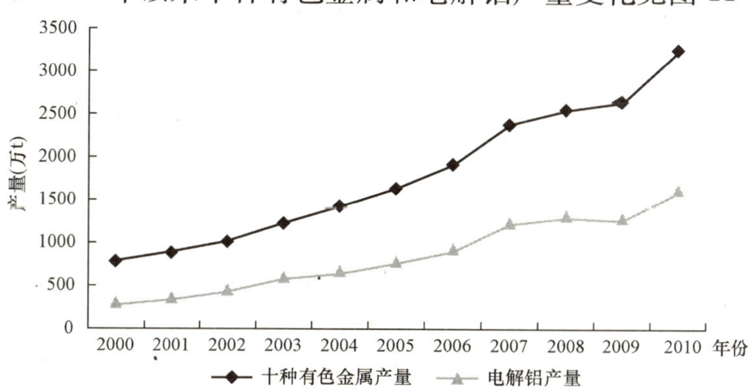

图 11-1　2000 年以来十种有色金属和电解铝产量变化

数据来源：国家统计局。

（二）进出口

“十一五”期间主要产品铝和铜的进口量一直高于出口量，进出口量波动较大。其中，2010 年铜及铜材进口量比 2005 年增长了 69.0%，增幅明显；铝及铝材进口量明显下降，2010 年比 2005 年进口量下降了 25.9%。

受 2008 年爆发的全球性金融危机的持续影响，2009 年初我国铝行业陷入了持续减（停）产、出口严重受阻的境地。在国家“一揽子”经济刺激措施的推动下，特别是国家两次收储 59 万 t 电解铝后，国内电解铝供应出现了阶段性短缺，进口量激增。随着国际经济逐步复苏，需求形势恢复，2010 年有色金属行业出口持续恢复，已基本达到危机前水平。

2000 年以来的有色金属主要产品进出口量变化见图 11-2。铜及铜材进口量自 2009 年以来大幅上升，出口量下滑，净进口量显著增加；铝及铝材进口量除 2009 年受金融危机影响激增外，基本保持下降趋势，出口量持续增加，在 2009 年达到峰值，2010 年显著回落。

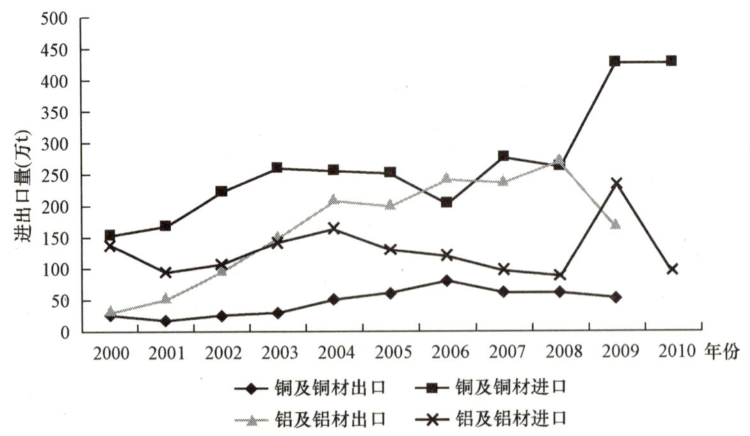

图 11-2　2000 年以来有色金属主要产品进出口量变化

数据来源：国家统计局，2010 年进口量数据为海关快报数。

（三）价格走势

2009年走出单边上扬行情之后，2010年有色金属价格先降后升高位运行。国内市场铝现货月度平均价格在1月达到16 953元/t的年内高点后逐步回落，6月跌至14 429元/t的年内最低点，之后价格持续回升，12月为16 119元/t，同比上涨1.8%，具体见图11-3。

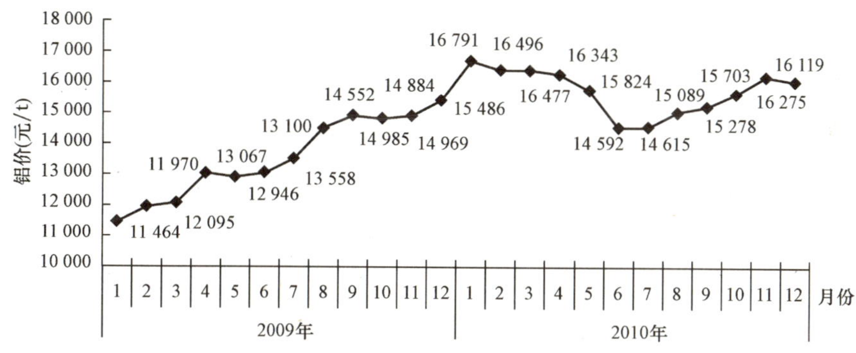

图11-3 国内铝价月度变化

数据来源：上海期货交易所。

近期的铝价变动一方面源于全球市场流动性充裕，世界经济开始复苏，有色金属价格走强；另一方面也受到国内宏观调控和紧缩货币政策及有色金属行业自身存在产能过剩、环保压力增大等因素影响。

（四）固定资产投资

2002年以来有色金属行业城镇固定资产投资情况见图11-4。“十一五”期间，有色金属行业完成城镇固定资产投资额年均增长24.9%，占全国的比重在1.0%～1.2%范围内波动。2010年，有色金属行业完成固定资产投资占全国城镇固定资产投资总额比重为1.2%，增幅比全国城镇固定资产投资高11.3个百分点。

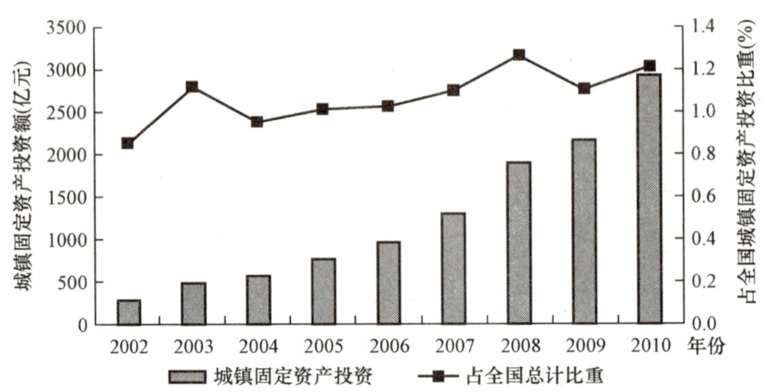

图 11-4　2002 年以来有色金属行业城镇固定资产投资情况

数据来源：国家统计局，2010 年数据来源于工信部。

11.2 "十一五"期间行业用电量分析

（一）用电量

从 2000 年以来的行业用电量规模来看，有色金属行业的用电量增长与产量增速基本保持一致，具体见图 11-5。"十一五"期间，有色金属行业用电量年均增速为 11.6%，铝冶炼用电量年均增速为

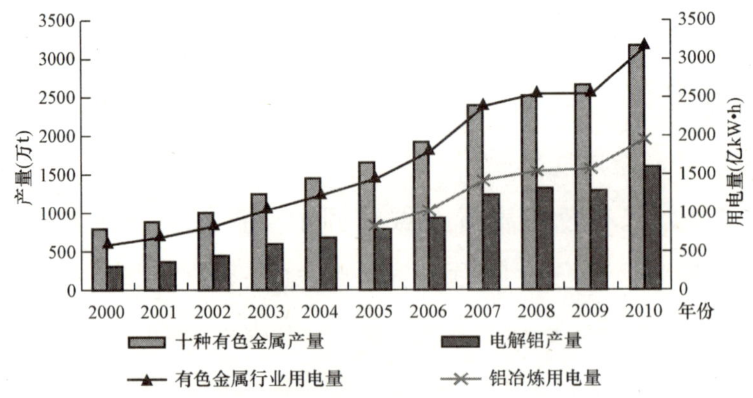

图 11-5　2000 年以来有色金属行业产量与用电量变化

数据来源：国家统计局，中电联。

13.6%。2010年，有色金属行业用电量累计3207亿kW·h，同比提高23.0%；其中铝冶炼生产用电累计2037亿kW·h，同比增加27.1%，占全行业用电量的64.4%。

有色金属行业电力消费主要集中在冶炼环节。2010年，有色金属行业电力消费占全社会用电量的7.5%，其中铝冶炼电力消费占全社会用电量的4.9%，铝冶炼电力消费占行业用电量的64.4%。因此，铝冶炼（包括氧化铝生产和电解铝生产）是有色金属行业最主要的耗电环节，具体见表11-1。

表11-1　　有色金属行业电力消费

指标	单位	2005年	2006年	2007年	2008年	2009年	2010年
全国电力消费总量	亿kW·h	24 781	28 368	32 565	34 380	36 595	41 923
有色行业电力消费		1471	1828	2410	2568	2576	3165
电解铝电力消费		880	1075	1463	1577	1608	2037
有色行业用电量占全社会用电量比重	%	5.9	6.4	7.4	7.5	7.0	7.5
电解铝用电量占全社会用电量比重		3.5	3.8	4.5	4.6	4.4	4.9
电解铝用电量占有色行业用电量比重		59.8	58.8	60.7	61.4	62.4	64.4

数据来源：中电联。

（二）电耗指标

“十一五”时期，经过大规模的技术改造和淘汰落后生产能力，有色金属工业节能降耗成效显著。2010年电解铝综合电耗为13 979kW·h/t，比2005年和2000年分别下降了643kW·h/t和1500kW·h/t。2000年以来有色金属行业和电解铝的综合电耗水平见图11-6。

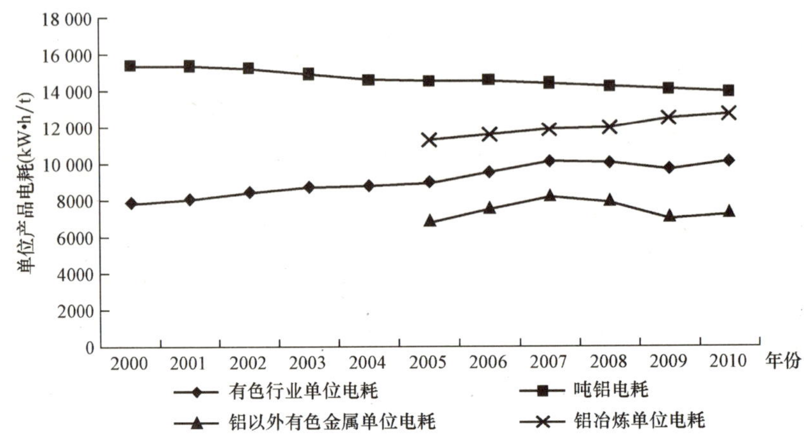

图 11-6　2000 年以来有色金属行业和电解铝的综合电耗水平

数据来源：国家统计局，国家工信部，中电联。

注：吨铝电耗为统计数据，有色金属行业和铝冶炼单位产品电耗、电解铝以外的十种有色金属单位产品电耗为根据用电量数据和产量数据计算值。

随着大型预焙电解槽产能的迅速扩大，加上控制技术、稳流技术等成果应用，吨铝电耗持续平稳下降。随着节能减排工作的推进，其他有色金属产品单位能耗也出现不同程度的下降。2010 年，氧化铝综合能耗为 632kgce/t，同比下降了 3.7%；铜冶炼综合能耗为 360kgce/t，同比下降了 3.7%。

铝冶炼和其他有色金属整体电耗水平由于结构因素表现为先升后降态势。2010 年有色金属行业单位产品电耗相比于 2009 年有所上升；而铝冶炼行业用电量，由于电解铝产量的比例上升，铝冶炼行业的单位产品电耗有所增加。

11.3　“十二五”期间电力需求预测

有色金属产业是国民经济重要的基础原材料产业，从长远发展来看，有色金属在我国实现城镇化、工业化的过程中具有刚性需求。中国国际工程咨询公司冶金建材发展部副主任陈学森认为，国内经济结构调整对有色金属的需求将保持高位，预计到 2015 年，国内有色金属消费量将达到 3500 万～4000 万 t。

据有色金属协会预测，到 2015 年，十种金属表观消费量“很有可能突破 4380 万 t”，其中，铜 830 万 t，铝 2400 万 t，铅 500 万 t，锌 650 万 t；同时，建议“十二五”期间将十种金属产量控制在 4100 万 t 以内，电解铝控制在 2000 万 t 以内。由有色金属“十二五”规划草案来看，未来有色金属总产能扩张的空间相当有限。

需求方面，我国未来经济发展和城镇化进程将对铝、铜等有色金属保持较高需求水平，且铝、铜等主要产品以国内需求为主导，受国际进出口波动影响较小；供给方面，国内有色金属行业尤其是铝冶炼投资增速较快，产能充足。综合考虑再生铝生产及进出口，预计 2015 年，原铝总产量可能达到 2200 万 t，“十二五”期间年均增长达 7.3％；十种有色金属产量可能达到 3800 万 t，“十二五”期间年均增长达 7.0％。

考虑技术因素和铝冶炼结构因素的影响，以及国家宏观政策和产业政策的作用，预计 2015 年电解铝综合电耗约下降至 13 500kW・h/t，比 2010 年和 2005 年水平分别下降 479kW・h/t 和 1122kW・h/t，达到国际先进水平。由于产业内部结构中铝冶炼和铜冶炼的比重提高，单位产品电耗将在 2009 年基础上提高约 800kW・h/t。

根据主要产品产量、电耗预测，预计 2015 年有色金属行业用电量将达到 4000 亿 kW・h，“十二五”期间年均增速达到 6.7％，低于“十一五”期间 16.1％的增速。

12

化工行业用电分析与预测

12.1 “十一五”期间行业经济运行

（一）行业发展

2010年，在《石化产业调整和振兴规划》的引导下，通过大力推动“产业结构调整和发展方式转变”，化工行业经济较快地摆脱了全球金融危机时的剧烈震荡，基本实现了“平稳较快发展”的预期目标。经济规模明显扩大，经济结构不断优化，经济运行的质量进一步提高。截至2010年底，化工行业规模以上企业3.32万家，实现总产值5.23万亿元，同比增长32.6%。2010年化工行业产值逐月变化情况见图12-1。

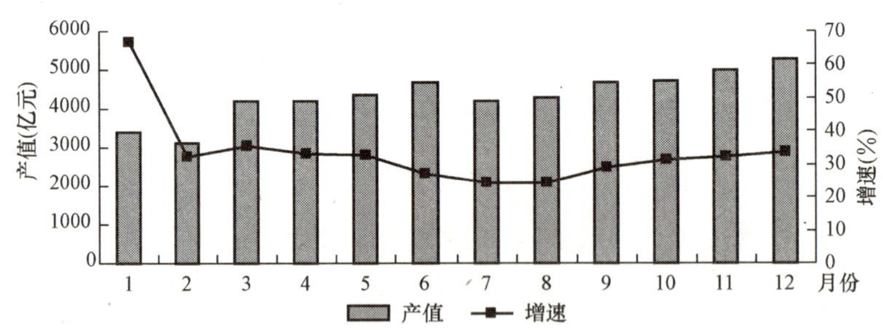

图12-1 2010年化工行业产值逐月变化情况

“十一五”期间，在国民经济持续快速发展和国际石油化工市场回暖的良好环境下，化工行业呈现较快增长的态势，但由于国家也加强了宏观调控力度，出台了多项有保有压的调控措施，以及受全球金融危机的影响，化工行业的发展有所放缓，产值增速比起“十五”期间有所回落。2006—2010年间，化工行业总产值年均增速达到了24.4%，具体见图12-2。

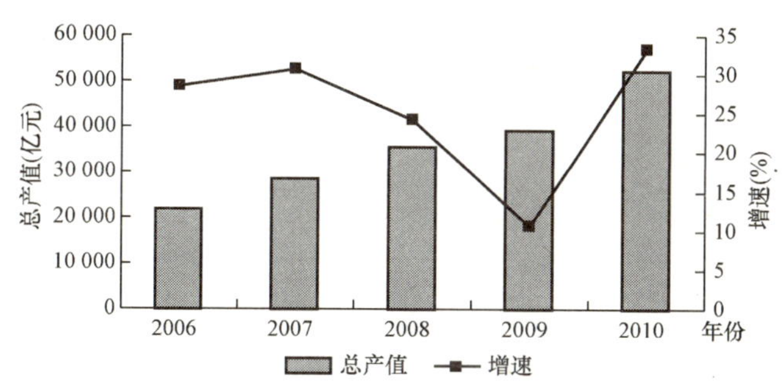

图12-2 2006—2010年化工行业总产值变化情况

（二）生产

从主要化工产品产量增长情况来看，2006—2010年间，受国家控制高耗能行业盲目发展的调控措施影响，部分企业减产，2008年受国际金融危机的影响，国内下游需求大幅萎缩，而且产品的出口大幅下滑，导致化工行业主要产品增长大幅减缓，有的出现负增长。2009年，多数产品恢复正增长，2010年由于国家节能减排政策的落实，电石、合成氨等高耗电产品产量比2009年均有所减少，具体见表12-1。

表12-1 主要化工产品产量增长情况 %

产品	2006年	2007年	2008年	2009年	2010年
烧碱	19.0	17.0	1.4	8.6	12.8
纯碱	10.8	13.1	6.4	8.7	4.2
电石				8.5	−0.2
乙烯	22.2	12.6	−2.1	8.3	31.7
合成氨				3.9	−2.4

续表

产品	2006 年	2007 年	2008 年	2009 年	2010 年
化肥	14.2	10.2	1.4	16.3	2.5
合成树脂	17.6	18.5	1.5	11.8	18.3
PVC	23.3	19.8	−9.3	11	11.3
合成橡胶	11.1	13.1	9.2	8.7	11.7
化学纤维	24.5	16.4	2.3	14.3	15.6

2010 年，化工行业产品产量增长各不相同，增速存在较大的差异，其中，烧碱、电石、合成氨、化肥产量分别为 2087 万、1462 万、4963 万、6620 万 t，增速分别为 12.8%、−0.2%、−2.4%、2.5%。从逐月的增长情况来看（见图 12-3），产量增速总体呈现逐渐下降的趋势，其主要原因是 2009 年同期产品产量基数逐渐上升。

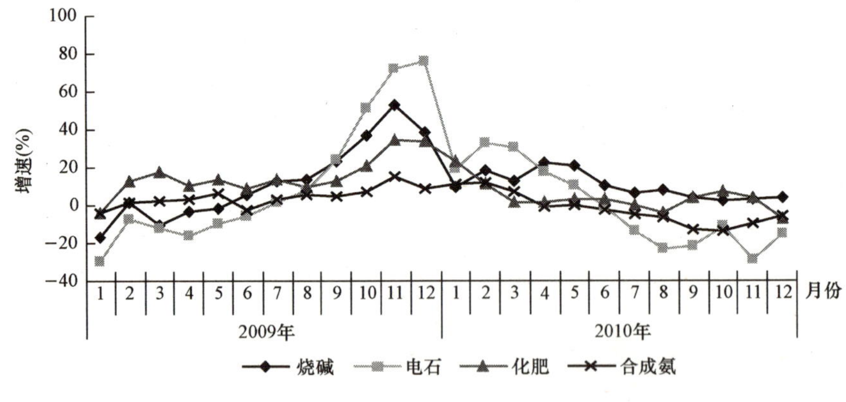

图 12-3 化工行业主要产品产量逐月变化情况

（三）价格

“十一五”以来，化工行业产品产量总体呈上升态势，但各产品价格增幅仍然存在着较大差异。如烧碱在 2010 年的价格比 2005 年的低约 2.3%，电石在 2010 年的价格比 2005 年的高约 75%，黄磷在

2010 年的价格比 2005 年的高约 6.3%，尿素在 2010 年的价格比 2005 年的高约 14%。受国际金融危机的影响，多数化工产品价格在 2008 年处于下降，之后逐年回升。2005—2010 年主要化工产品价格变化情况见表 12-2。

表 12-2　2005—2010 年主要化工产品价格变化情况　元/t

产品	2005 年	2006 年	2007 年	2008 年	2009 年	2010 年
烧碱	2559	2485	2970	3100	2200	2500
电石	2540	2540	3075	3010	3100	4450
黄磷	16 000	16 400	17 950	13 000	15 180	17 000
尿素	1719	1780	1870	1720	1780	1960

2010 年，在能源等资源性产品价格强劲上升的推动下，化工行业价格总水平涨幅较大。从全行业价格走势来看，前三个季度总体涨势逐步趋缓，进入第四季度后，受输入性通胀及成本上升的影响，行业价格涨势回升加快。从具体产品来看，12 月，烧碱、电石、黄磷、尿素的平均市场价格分别为 2500、4450、17 000、1960 元/t，同比分别增长 14%、44%、12%、10%，具体见图 12-4。

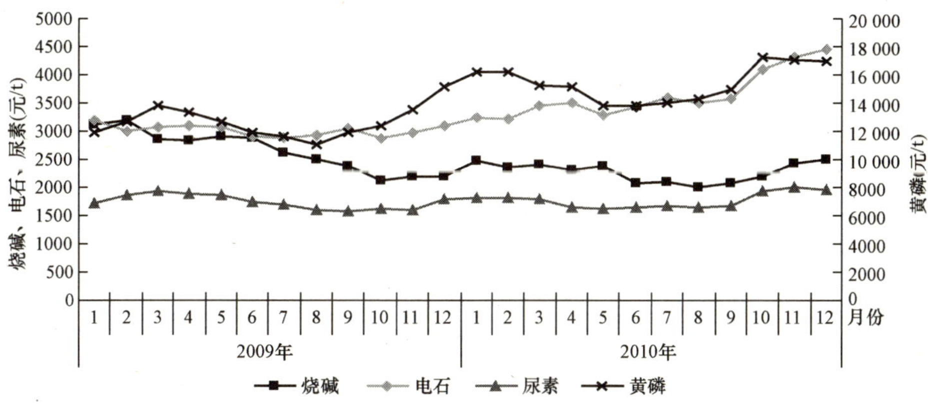

图 12-4　2009、2010 年化工行业主要产品价格逐月变化情况

（四）进出口

“十一五”期间，化工行业快速发展的同时，进出口贸易也十分活跃。目前，我国化工产品的出口结构已逐步从单一的资源密集型转向资源密集型、劳动密集型和技术密集型的综合出口产品结构，但进出口贸易逆差也一直存在。2009 年，受国际金融危机的影响，对外贸易受到很大影响，化工行业进出口额大幅下降。2006—2010 年间，化工行业进出口总额年均增长 14.4%，其中出口额年均增长 14.9%，进口额年均增长 14.1%，具体见图 12-5。

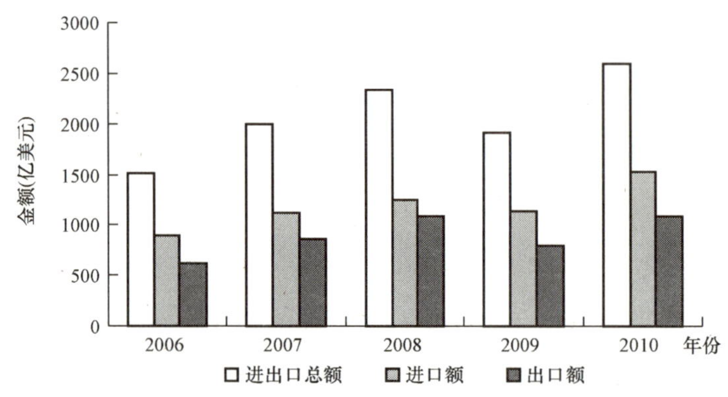

图 12-5　化工行业进出口额变化情况

2010 年，国际国内市场逐步恢复，加之国内外价格推动，化工行业进出口贸易实现大幅增长，进出口贸易总额为 2600 亿美元，同比增长 35.7%，其中进口额 1517 亿美元，同比增长 34.4%，出口额 1083 亿美元，同比增长 37.5%。逐月来看，进口增速呈“V”型变化，出口一直保持高速增长态势，具体见图 12-6。

（五）固定资产投资

“十一五”期间，化工行业固定资产投资年均增幅约为 23%，而前四年化工行业投资平均增幅在 30%以上。其中，基础化学原料、专用化学品投资合计占化工行业的 50%以上，专用化学品投资回报

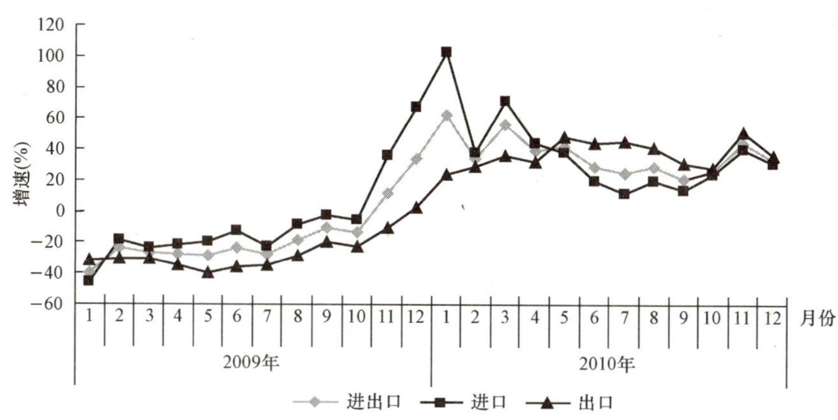

图 12-6　化工行业进出口增速逐月变化情况

率居化工各分行业之首。此外，由于"十一五"期间的国际油价居于高位，我国具有资源优势的煤化工产业获得迅猛发展。山西、内蒙古、宁夏、四川、新疆、陕西等能源大省（区）均纷纷兴建大型煤化工基地。据国家有关部门统计，截至 2009 年末，各地上报的项目中，煤制油总规模已超过 4000 万 t，煤制烯烃总产能 2000 万 t，煤制天然气达到250 亿 m^3。这些项目总投资按照示范工程的投资测算，已经超过 1 万亿元。

2010 年，化工行业投资继续缓慢增长，实际完成投资额 7348.7 亿元，同比增长 15.3%，比 2009 年减少约 9 个百分点，远低于同期全国城镇固定资产投资增幅。化工领域投资占石化行业投资的比重为 62.7%，较 2009 年提高 1 个百分点。行业投资率为 14%，比 2009 年下降 1.9 个百分点，行业投资率的下降，表明行业经济增长对投资的依赖性减弱，同时反映出投资效率的提高。

12.2　"十一五"期间行业用电量分析

（一）用电量

"十一五"期间，化工行业用电量增长缓慢，增速一直低于全社会用电增速，用电量从 2005 年的 2153 亿 kW·h 增长到 2010 年的 3134 亿 kW·h，年均增速为 7.8%，低于同期全社会用电增速约 3.2 个百分点，占全社会用电的比重从 2005 年的 8.7%下降到 2010 年的 7.7%，下降约 1.1 个百分点。2008、2009 年，受金融危机影响，化工行业用电增长大幅放缓，行业用电增速与全社会用电增速之间的差距进一步拉大，具体见图 12-7。

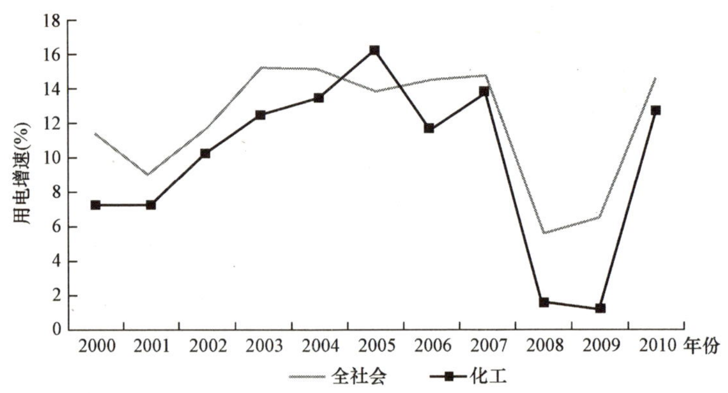

图 12-7 “十一五”期间化工行业用电量情况

从主要产品的用电量来看，化肥、电石、氯碱是化工行业用电比重最大的三种产品，黄磷的用电比重较小。2010 年，以上四种产品用电占化工行业用电的比重分别为 23.6%、16.4%、11.6%、3.7%。“十一五”期间，电石、黄磷用电增速与化工行业用电增速相当，其用电占化工行业用电的比重分别上升约 0.4、0.2 个百分点，氯碱用电增长较快，增速达到 10%，用电占整个行业的比重上升约 1.3 个百分点，化肥用电增长明显慢于其他产品，增速为 1.6%左右，具体见图 12-8。化肥用电增长缓慢是导致整个行业用电增速偏低的主要原因。

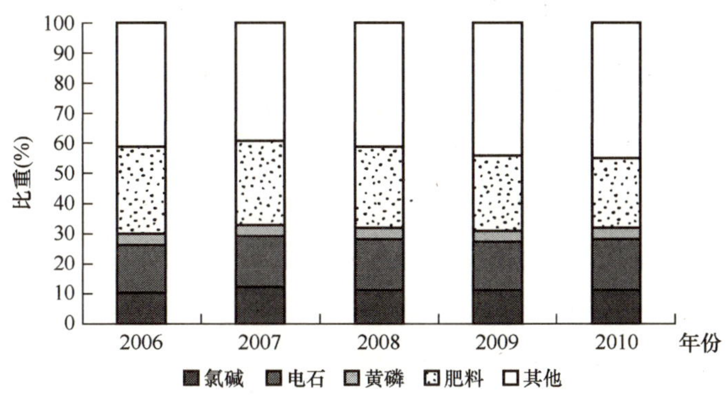

图 12-8 “十一五”期间化工主要产品用电比重

（二）产品单耗情况

“十一五”期间，化工行业加快了企业大型化和一体化步伐，加强了节能技术改造、实行清洁生产、推广使用余热回收技术及新型的生产工艺，产品电耗水平有明显的下降，尤其是合成氨生产推广变换、提温合成、优化合成等新工艺，吨氨电耗下降明显。与 2005 年相比，2010 年离子膜法制碱和隔膜法制碱单位产品电耗分别下降 2.2%和 6.9%，电石单耗下降约 10%，合成氨单耗下降幅度达到约 25%，具体见表 12-3。

表 12-3 化工行业主要产品用电单耗 kW·h/t

产品	2005 年	2006 年	2007 年	2008 年	2009 年	2010 年
离子膜法烧碱	2223	2186	2213	2202	2187	2173
隔膜法烧碱	2451	2402	2363	2339	2309	2282
电石	3732	3631	3464	3440	3395	3361
合成氨	1366	1348	1258	1164	1102	1031

12.3 “十二五”期间电力需求预测

化工行业产品品种繁多，应用领域非常广泛，包括人民生活及社会生产的诸多行业。从大的类别来看，无机化工原料和有机化工原料除了为化工行业自身提供原料外，还被广泛应用于造纸、医药、纺织、建材、冶金行业；农用化工产品主要用于农业领域；合成材料主要用于纺织服装业、房地产业、汽车制造业、电器电子业。以下着重分析主要相关行业发展状况。

农业：当前，国家将继续加大对农业的投入，保持农产品收购价格的稳定，推动农民收入持续较快增长。随着农村经济的发展，农民对农业的投入也将会增加。未来几年，我国农业对农用化学品的需求将会保持较为平稳的增长格局。

汽车：汽车业在经历了短暂的复苏过程后产品结构调整效果初显，产销持续地增长，据汽车工业协会数据，我国汽车行业产量增幅在15%上下，预计2011年我国汽车销售将突破2000万辆。今后几年随着我国消费结构的升级，汽车消费量将会进一步提高。汽车行业的快速发展，将直接拉动成品油、润滑油、助剂、涂料、工程塑料、橡胶轮胎、橡胶密封材料等领域的需求增长。

房地产：房地产行业是涂料、纯碱（玻璃）、塑料管（型）材、聚氨酯（保温材料）等化工产品的重要应用领域。国家对房地产的宏观调控政策可能更为严厉，房地产投资增速会有所放缓，但保障性住房、廉租房的建设速度将会加快。未来房地产行业仍将保持对相关化工产品的消费需求。

纺织：纺织工业是国民经济传统支柱产业和国际竞争优势明显的产业，金融危机对纺织业产生了一定的冲击，但国家出台了一系列针对纺织行业的扶持政策，推出《纺织工业调整和振兴规划》等。未来几年，我国纺织行业将继续保持平稳较快的增长势头，但随着国内外市场需求的放缓，增速将会减缓，从而对合成纤维单体等相关领域化工产品的需求也将相应有所减缓。

塑料制品：塑料制品是合成树脂最主要的下游行业，由于国内需求强劲，多年来，我国塑料制品行业一直保持快速增长态势。塑料制品的快速增长，对合成树脂需求也相应地扩大。2010 年，国内合成树脂产量增幅高达 18.3%。“十二五”期间，国内塑料制品仍将会保持较快增长，对合成树脂的需求也将持续扩大。

电子：电子信息业是国民经济的战略性、基础性和先导性支柱产业，我国已成为全球最大的电子信息产品制造基地，政府出台的《电子信息产业调整振兴规划》提出了通过加大财政投入力度、改善投资环境等，“十二五”期间电子信息产业也有较快的发展。

我国乙烯行业进入高速发展期，装置大型化趋势明显。2010 年 1 月 16 日，100 万 t 大型乙烯装置在天津石化开车成功，国产化率 78%。乙烯装置规模效益明显，产能 100 万 t 的生产成本比 50 万 t 的低 25%，用电单耗也大幅下降。

合成氨烧碱等积极推广先进生产工艺。其中合成氨生产推广变换、提温合成、优化合成等新工艺，使吨氨汽耗降到 250kg 以下，电耗下降 60kW・h。烧碱生产推行离子膜工艺，吨碱蒸汽消耗减少 70%以上，2010 年，离子膜法产量比重接近 60%，高于 2009 年约 7 个百分点。

此外，余能资源再利用技术也正在整个化工行业中推广开来。如回收利用合成氨造气系统的造气炉夹套、炉渣、飞屑的余热，上、下行煤气的显热，吹风气的显热与潜热，脱碳系统脱碳富液和铜洗系统铜液的能量，变换系统的变换气和合成系统合成塔出口合成气的余热等。

综合考虑国内经济增长、下游行业发展及化工行业的技术进步情况，“十二五”期间，化工行业经济运行将实现平稳增长，主要产品产量增速略有回落。预计“十二五”期间，我国化肥产量年均增速达到5%左右，电石产量年均增速约为8%，烧碱产量年均增速达到14%左右。

综合考虑各产品产量及电耗，预计“十二五”期间，氯碱用电量年均增长9.5%；电石用电量用电年均增长6.3%；化肥用电量年均增长3.4%，黄磷用电量年均增长7.5%，2015年，氯碱、电石、黄磷、化肥的用电量分别为573亿、695亿、165亿、874亿kW·h，化工行业用电量约为4234亿kW·h，“十二五”期间年均增长6.2%。

13

建材行业用电分析与预测

13.1 “十一五”期间行业经济运行

“十一五”期间，在国民经济持续快速发展的拉动下，我国建材工业不仅整体实力快速增强，在产业规模、产业结构、生产技术和工艺装备方面也取得了长足进步，与“十五”时期相比，产品质量明显提高，门类品种日益丰富，配套能力显著增强，节能减排和发展循环经济成效显著，一批大企业集团壮大崛起。随着建材工业整体实力的提升，我国已经开始逐步由世界上最大的建筑材料生产国和消费国向建材强国迈进。

（一）产量

水泥、平板玻璃、建筑卫生陶瓷、石材和墙体材料等主要建材产品产量继续处于世界首位。“十一五”期间，建材行业保持良好发展态势，水泥、平板玻璃和建筑陶瓷的生产和消费量达到全球生产和消费量的50%左右。2010年，全国水泥产量18.68亿t，同比增长15.5%，平板玻璃产量6.3亿重量箱，同比增长10.9%，具体见图13-1。

（二）价格

主要建材产品价格稳中有升。“十一五”期间，随着市场需求的不断增长，以及因原材料、燃材料价格上涨的带动企业生产成本逐渐攀升，水泥、平板玻璃的基础建材产品价格总体持续增长。以水泥为例，“十一五”初期，全国水泥平均出厂价格维持在200元/t左右，

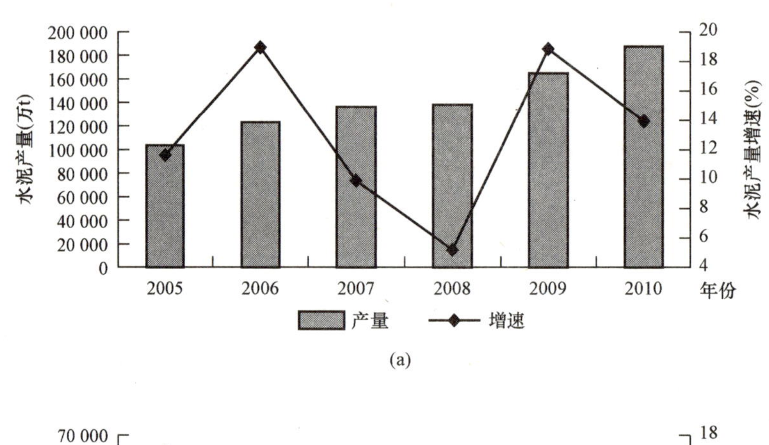

(a)

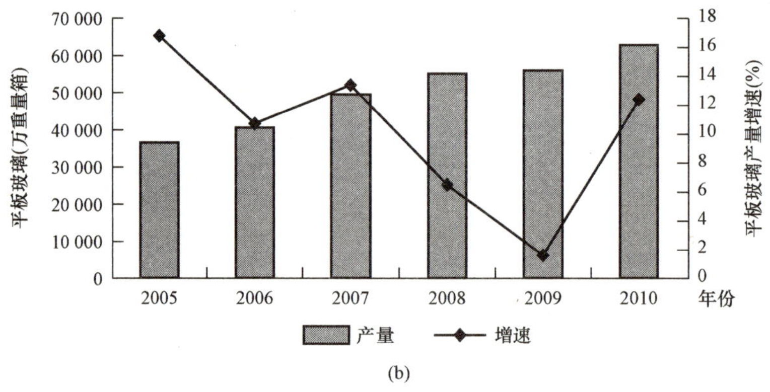

(b)

图 13-1　2005 年以来我国水泥、玻璃产量及增长情况

(a) 水泥；(b) 玻璃

至“十一五”末，已超过 300 元/t。

（三）利润

主要建材产品产销率高，行业利润快速增长。“十一五”时期建材产业健康发展，产业结构优化，抗风险能力增强，经济运行质量明显提高，具体见图 13-2，“十一五”期间我国规模以上建材工业销售收入增长 3.6 倍；利润总额增长 5.5 倍，其中，水泥制造业随着新型干法水泥生产工艺比例的大幅提高及企业经营管理水平的提升，保持了年利润增长率 30%以上的增速。

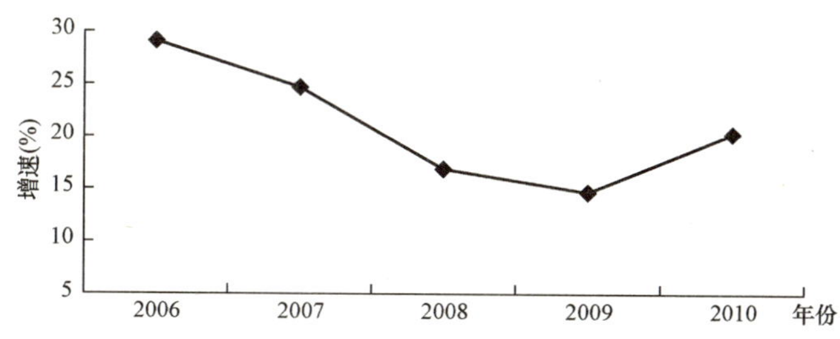

图 13-2 “十一五”期间建材行业产值逐年变化情况

（四）投资

固定资产投资稳健，行业规模保持高位增长。在国家出台“建材产能过剩”调整和房地产调控等政策的重压之下，建材工业固定资产投资完成额同比增长速度已经从年初的 40%回落到年末的 23%，历经三年的高速扩张，建材工业的投资规模已经趋向高水平上的稳定；2010 年，我国规模以上建材工业完成工业增加值按可比价格计算同比增长 20%，资产总额达 2.1 万亿元，较 2005 年增长 2.4 倍。

（五）结构调整

行业结构调整取得新的进展。“十一五”期间，为促进节能减排工作的开展，抑制和淘汰落后的水泥、平板玻璃产能过剩和重复建设，国家出台了一系列节能减排措施要求，明确了建材行业淘汰落后产能的具体目标，经过不懈努力，“十一五”期间，建材行业累计淘汰落后水泥生产能力 4.03 亿 t，落后平板玻璃生产能力 1.52 亿重量箱；生产工艺结构进一步优化，其中，水泥熟料生产采用新型干法工艺比例达到 86%，提高了 41 个百分点；平板玻璃采用浮法玻璃工艺的比例达到 86%，提高了 7 个百分点；产业集中度进一步加强，前 60 家水泥企业熟料产量已经占总产量的半数以上，前 20 家水泥企业年熟料生产能力达到45%，大型企业集团平板玻璃产量已占全国总量 73%。

（六）节能减排

建材工业涉及 20 多个行业，高耗能行业主要是水泥、平板玻璃、石灰、建筑陶瓷、轻质建材等六类行业，其万元增加值综合能耗高于全国工业平均水平，占建材工业总能耗的 89%。在建材工业“由大变强、靠新出强”发展战略的推动下，随着产业结构优化和工艺结构调整的逐步实施，建材万元工业增加值能耗从 2005 年 6.37tce 降低到 2010 年（预计）的 3.3tce，降幅达 68.5%。与此同时，建材行业工业固体废弃物的利用量从 2000 年的 1.7 亿 t 增加到 2010 年（预计）的 6 亿 t，为 2000 年的 3.5 倍。生产新工艺助力能耗下降，“十一五”期间，随着水泥、平板玻璃生产新工艺的不断普及，水泥熟料单位产品生产综合能耗从 2005 年的 144kgce 下降至 2010 年的 115kgce，降幅达 20%，平板玻璃单位产品综合能耗从 2005 年 19.5kgce 下降至 2010 年 14.5kgce，降幅达 25.7%，具体见图 13-3。

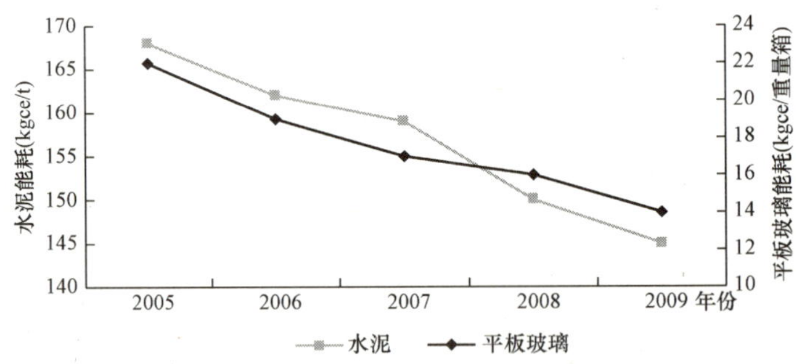

图 13-3 “十一五”期间水泥、平板玻璃产品综合能耗

13.2 “十一五”期间行业用电量分析

随着我国国民经济持续平稳快速的发展，工业重型化和城镇化程度的不断提高，以及小康社会建设步伐的加快，属于资源依赖型的建材行业保持了稳定快速的增长势头，也带动了建材行业用电的快速增

长，成为全社会电力消费快速增长的重要推动力之一。“十一五”期间，随着宏观经济形势持续向好，国内外需求不断回升，建材行业电力需求总体呈现平稳较快增长态势，对全社会用电量增长的拉动效应持续增强。据分析，“十一五”期间建材行业用电量年均增长11%左右，占工业和全社会用电量的比重总体维持在7.5%和5.5%左右。在建材行业的各类产品中，水泥制造业用电量的占整个建材行业用电的比重较高，对整个行业用电走势影响较大。随着淘汰落后工艺及产业结构调整的持续推进，以及水泥企业工业环保设备的广泛使用，水泥行业电力需求在“十一五”期间呈逐年增长态势，年均用电增长9%左右，具体见图13-4。

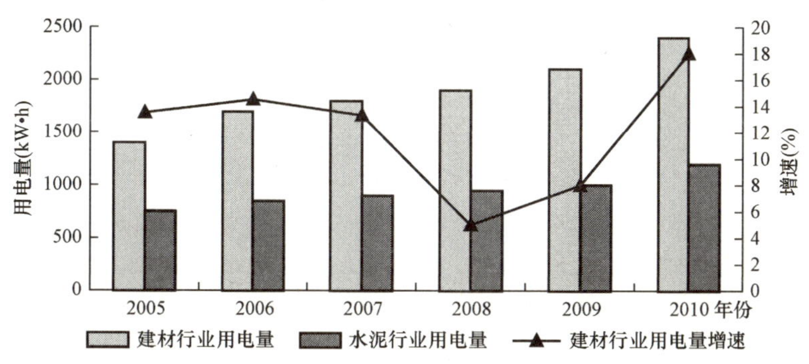

图13-4 “十一五”期间建材行业用电量

13.3 “十二五”期间电力需求预测

未来五年，随着国民经济继续保持稳定向好的发展态势，城镇化率的提高，将推动大量的城市基础设施建设、配套设施建设、住房建设及各级交通网络建设，必将有效拉动水泥等建材产品消费需求的增长。“十一五”期间强制淘汰的2.5亿t落后产能，也将进一步拓展新型干法水泥的市场空间。在需求稳定增长与供给结构调整的共同作用下，如不考虑其他建筑材料取代水泥，根据历年来水泥需求和城镇化率的相关性分析，城镇化水平与水泥产量增长基本同步，城镇化率上升 1%，水泥需求约增加 1 亿 t。根据 2015 年城镇化率推算，2015 年我国水泥产量将达到 24.7 亿 t。

在建材行业的各类产品中，水泥制造业用电量占整个建材行业用电比重较高，占全行业用电量的 50%左右，且基本保持稳定，对建材行业用电的走势影响较大。考虑到水泥行业将继续以提高新型干法水泥比重和水泥散装率为发展目标，水泥生产综合电耗将略有下降，综合预计，2015 年水泥行业用电量约为 1480 亿～1620 亿 kW・h；根据水泥用电量占建材行业用电总量达到 50%测算，2015 年建材行业用电量将达到 2960 亿～3240 亿 kW・h，“十二五”期间年均增长为 5.2%～7.2%。

附录　全国及各地区电力经济数据

附表 1　　全国及各省（区、市）国民生产总值

亿元（当年价）

年份	1990	1995	2000	2005	2006	2007	2008	2009	2010
全国	18 668	60 794	99 215	184 937	216 314	265 810	314 045	340 903	397 983
北京	501	1395	3161	6970	8118	9847	11 115	12 153	13 778
天津	311	920	1702	3906	4463	5253	6719	7522	9109
河北	896	2850	5044	10 012	11 468	13 607	16 012	17 235	20 197
山西	429	1092	1846	4231	4879	6024	7315	7358	9088
内蒙古	319	833	1539	3905	4944	6423	8496	9740	11 655
辽宁	1063	2793	4669	8047	9305	11 164	13 669	15 212	18 278
吉林	425	1129	1952	3620	4275	5285	6426	7279	8577
黑龙江	715	2015	3151	5514	6212	7104	8314	8587	10 235
上海	756	2463	4771	9248	10 572	12 494	14 070	15 046	16 872
江苏	1417	5155	8554	18 599	21 742	26 018	30 982	34 457	40 903
浙江	898	3525	6141	13 418	15 718	18 754	21 463	22 990	27 227
安徽	658	2004	2902	5350	6113	7361	8852	10 063	12 263
福建	523	2161	3765	6555	7584	9249	10 823	12 237	14 357
江西	420	1205	2003	4057	4821	5800	6971	7655	9435
山东	1511	5002	8337	18 367	21 900	25 777	30 933	33 897	39 416
河南	935	3003	5053	10 587	12 363	15 012	18 019	19 480	22 943
湖北	824	2391	3545	6590	7617	9333	11 329	12 961	15 806
湖南	744	2196	3551	6596	7689	9440	11 555	13 060	15 902
广东	1472	5382	10 741	22 557	26 588	31 777	36 797	39 483	45 473

续表

年份	1990	1995	2000	2005	2006	2007	2008	2009	2010
广西	449	1498	2080	3984	4746	5823	7021	7759	9502
海南	102	364	527	898	1045	1254	1503	1654	2052
重庆	298	1009	1603	3468	3907	4676	5794	6530	7894
四川	1186	3534	3928	7385	8690	10 562	12 601	14 151	16 899
贵州	260	630	1030	2005	2339	2884	3562	3913	4594
云南	452	1207	2011	3462	3988	4773	5692	6170	7220
西藏	24	56	118	249	291	341	395	441	507
陕西	404	1000	1804	3934	4744	5757	7315	8170	10 022
甘肃	243	553	1053	1934	2277	2702	3167	3388	4100
青海	70	165	264	543	649	797	1019	1081	1350
宁夏	65	170	295	613	726	919	1204	1353	1643
新疆	274	825	1364	2604	3045	3523	4183	4277	5419

数据来源：统计局、国家电网公司电力供需研究实验室（简称电力供需研究实验室）数据库。

附表 2　　全国及各省（区、市）国内生产总值指数

年份	1990	1995	2000	2005	2006	2007	2008	2009	2010
全国	103.8	110.5	108.4	111.3	112.7	114.2	109.6	109.2	110.2
北京	105.4	112.4	111.8	112.1	113.0	114.5	109.1	110.2	117.4
天津	105.4	114.9	110.8	114.9	114.7	115.5	116.5	116.5	112.2
河北	105.8	113.9	109.5	113.4	113.4	112.8	110.1	110.0	111.7
山西	105.0	110.5	109.4	113.5	112.8	115.9	108.5	105.4	115
内蒙古	107.5	109.1	110.8	123.8	119.1	119.2	117.8	116.9	114.1
辽宁	100.9	107.1	108.9	112.7	114.2	115.0	113.4	113.1	113.7
吉林	103.4	109.7	109.2	112.1	115.0	116.1	116.0	113.6	112.6
黑龙江	105.8	109.6	108.2	111.6	112.1	112.0	111.8	111.4	109.9

续表

年份	1990	1995	2000	2005	2006	2007	2008	2009	2010
上海	103.5	114.1	111.0	111.4	112.7	115.2	109.7	108.2	113.5
江苏	105.0	115.4	110.6	114.5	114.9	114.9	112.7	112.4	111.8
浙江	103.9	119.8	111.0	112.8	113.9	114.7	110.1	108.9	114.5
安徽	102.9	114.4	108.3	111.0	112.5	114.2	112.7	112.9	113.8
福建	107.5	115.1	109.3	111.6	114.8	115.2	113.0	112.3	114
江西	104.5	106.8	108.0	112.8	112.3	113.2	113.2	113.1	112.5
山东	105.3	114.2	110.3	115.0	114.7	114.2	112.0	112.2	112.2
河南	104.5	114.8	109.5	114.2	114.4	114.6	112.1	110.9	114.8
湖北	105.0	114.6	108.6	112.1	113.2	114.6	113.4	113.5	114.5
湖南	104.0	110.4	109.0	112.2	112.8	115.0	113.9	113.7	112.2
广东	111.6	114.9	111.5	114.1	114.8	114.9	110.4	109.7	114.2
广西	107.0	111.4	107.9	113.1	113.6	115.1	112.8	113.9	115.8
海南	110.6	104.3	109.0	110.5	113.2	115.8	110.3	111.7	117
重庆	106.8	112.1	108.5	111.7	112.4	115.9	114.5	114.9	115
四川	107.0	110.8	108.5	112.6	113.5	114.5	111.0	114.5	112.8
贵州	104.3	107.5	108.4	112.7	112.8	114.8	111.3	111.4	112.3
云南	108.7	111.2	107.5	108.9	111.6	112.2	110.6	112.1	112.3
西藏	108.9	117.9	110.4	112.1	113.3	114.0	110.1	112.4	114.8
陕西	103.4	109.0	110.4	113.7	113.9	115.8	116.4	113.6	111.5
甘肃	105.6	109.9	109.7	111.8	111.5	112.3	110.1	110.3	115.3
青海	103.7	108.0	108.9	112.2	113.3	113.5	113.5	110.1	113.4
宁夏	103.7	109.0	110.2	110.9	112.7	112.7	112.6	111.9	110.6
新疆	111.7	109.0	108.7	110.9	111.0	112.2	111.0	108.1	110.2

数据来源：统计局、电力供需研究实验室数据库。

注 上年为100。

附表 3 全国及各省（区、市）人口 万人

年份	1990	1995	2000	2005	2006	2007	2008	2009	2010
全国	114 333	121 121	126 743	130 756	131 448	132 129	132 802	133 474	133 972
北京	1086	1251	1364	1538	1581	1633	1695	1755	1961
天津	866	895	912	1043	1075	1115	1176	1228	1294
河北	6159	6437	6674	6851	6898	6943	6989	7034	7185
山西	2899	3077	3248	3355	3375	3393	3411	3427	3571
内蒙古	2163	2284	2372	2386	2397	2405	2414	2422	2471
辽宁	3946	4092	4184	4221	4271	4298	4315	4319	4375
吉林	2440	2551	2627	2716	2723	2730	2734	2740	2746
黑龙江	3543	3701	3807	3820	3823	3824	3825	3826	3831
上海	1283	1301	1322	1778	1815	1858	1888	1921	2302
江苏	6767	7066	7327	7475	7550	7625	7677	7725	7866
浙江	4238	4389	4596	4898	4980	5060	5120	5180	5443
安徽	5661	5923	6093	6120	6110	6118	6135	6131	5950
福建	3037	3237	3410	3535	3558	3581	3604	3627	3689
江西	3811	4063	4149	4311	4339	4368	4400	4432	4457
山东	8424	8701	8975	9248	9309	9367	9417	9470	9579
河南	8649	9100	9488	9380	9392	9360	9429	9487	9402
湖北	5439	5772	5960	5710	5693	5699	5711	5720	5724
湖南	6111	6392	6562	6326	6342	6355	6380	6406	6568
广东	6246	6789	7499	9194	9304	9449	9544	9638	10 430
广西	4242	4543	4751	4660	4719	4768	4816	4856	4603
海南	663	724	788	828	836	845	854	864	867
重庆	2921	3002	3091	2798	2808	2816	2839	2859	2885
四川	7893	8161	8408	8212	8169	8127	8138	8185	8042
贵州	3268	3508	3756	3730	3757	3762	3793	3798	3475

续表

年份	1990	1995	2000	2005	2006	2007	2008	2009	2010
云南	3731	3990	4241	4450	4483	4514	4543	4571	4597
西藏	218	236	251	277	281	284	287	290	300
陕西	3316	3513	3644	3720	3735	3748	3762	3772	3733
甘肃	2255	2438	2557	2594	2606	2617	2628	2635	2588
青海	447	481	516	543	548	552	554	557	563
宁夏	466	512	554	596	604	610	618	625	630
新疆	1529	1661	1849	2010	2050	2095	2131	2159	2181

数据来源：统计局、电力供需研究实验室数据库。

附表 4　　全国及各省（区、市）固定资产投资　　亿元

年份	1990	1995	2000	2005	2006	2007	2008	2009	2010
全国	4517	20 019	32 918	88 774	109 998	137 324	172 828	224 599	278 140
北京	179	842	1297	2827	3296	3907	3815	4617	5403
天津	88	393	609	1495	1821	2353	3390	4738	6279
河北	177	939	1847	4140	5470	6885	8867	12270	15 083
山西	123	296	625	1827	2256	2861	3531	4943	6063
内蒙古	71	273	430	2644	3363	4373	5475	7337	8930
辽宁	263	885	1268	4200	5690	7435	10 019	12 292	16 043
吉林	94	342	587	1741	2594	3651	5039	6412	7870
黑龙江	163	488	859	1737	2236	2834	3656	5029	6813
上海	227	1602	1870	3510	3900	4420	4823	5044	5109
江苏	356	1680	2995	8165	10 069	12 268	15 301	18 950	23 187
浙江	187	1358	2267	6520	7590	8420	9323	10 742	12 488
安徽	123	533	867	2525	3534	5088	6747	8991	11 543
福建	115	681	1082	2317	2982	4288	5208	6231	8199
江西	71	284	548	2177	2684	3302	4745	6643	8776

续表

年份	1990	1995	2000	2005	2006	2007	2008	2009	2010
山东	336	1321	2543	9307	11 111	12 538	15 436	19 035	23 283
河南	206	805	1476	4312	5905	8010	10 491	13 705	16 586
湖北	144	827	1422	2677	3344	4330	5647	7867	10 263
湖南	124	524	1066	2629	3176	4155	5534	7703	9664
广东	381	2327	3234	6978	7973	9294	10 869	12 933	15 624
广西	69	423	660	1661	2199	2940	3756	5237	7058
海南	36	198	194	367	424	502	705	988	1317
重庆	69	271	656	1933	2407	3128	3980	5214	6692
四川	163	677	1404	3585	4413	5640	7128	11 372	13 120
贵州	52	174	403	998	1197	1489	1864	2412	3105
云南	76	381	698	1778	2209	2759	3436	4526	5529
西藏	8	37	67	181	231	270	310	378	463
陕西	104	324	746	1882	2481	3415	4614	6247	7964
甘肃	59	195	441	870	1023	1304	1713	2363	3158
青海	22	56	155	330	409	483	583	798	1019
宁夏	22	70	161	443	499	600	829	1076	1444
新疆	89	333	610	1339	1567	1851	2260	2827	3393

数据来源：统计局、电力供需研究实验室数据库。

附表 5　全国及各省（区、市）社会消费品零售总额　亿元

年份	1990	1995	2000	2005	2006	2007	2008	2009	2010
全国	8300	23 614	39 106	67 177	76 410	87 709	114 853	132 694	156 998
北京	308	827	1443	2903	3275	3800	4667	5324	6229
天津	140	376	737	1190	1357	1604	2105	2448	2903
河北	308	852	1614	2953	3397	3986	5014	5780	6822
山西	158	376	629	1401	1613	1914	2445	2825	3318
内蒙古	131	295	484	1344	1595	1904	2488	2871	3384

续表

年份	1990	1995	2000	2005	2006	2007	2008	2009	2010
辽宁	421	1122	1848	2999	3435	4030	5055	5828	6888
吉林	199	482	811	1461	1676	1999	2574	2973	3505
黑龙江	310	683	1094	1760	1998	2073	2951	3418	4039
上海	334	970	1722	2973	3360	3848	4595	5186	6071
江苏	515	1650	2604	5700	6623	7838	9929	11 484	13 607
浙江	354	1326	2299	4632	5325	6214	7553	8637	10 245
安徽	227	587	1054	1765	2029	2404	3069	3544	4198
福建	208	659	1373	2346	2704	3188	3887	4497	5310
江西	152	411	705	1236	1428	1683	2167	2500	2956
山东	460	1443	2546	6126	7123	8439	10 683	12 379	14 620
河南	314	907	1787	3358	3881	4598	5839	6762	8004
湖北	326	932	1789	2965	3412	4029	5134	5928	7014
湖南	295	837	1365	2459	2834	3356	4246	4914	5840
广东	667	2176	4072	7883	9118	10 598	13 008	14 892	17 458
广西	175	533	859	1397	1601	1898	2420	2791	3312
海南	37	109	173	269	308	362	488	538	640
重庆	137	372	644	1216	1404	1661	2173	2479	2939
四川	340	936	1524	2981	3422	4016	4965	5759	6810
贵州	86	192	344	607	690	822	1100	1247	1483
云南	146	370	583	1034	1189	1395	1789	2051	2500
西藏	13	24	43	73	90	112.6	130.0	156.6	185.3
陕西	160	370	608	1322	1522	1801	2343	2700	3198
甘肃	96	230	363	633	718	833	1043	1183	1395
青海	29	58	82	161	180	208	282	316	350.8
宁夏	25	56	90	174	199	233	319	354	404
新疆	104	254	375	638	728	848	1063	1178	1375

数据来源：统计局、电力供需研究实验室数据库。

附表 6　　全国及各省（区、市）出口总额　　亿美元

年份	1990	1995	2000	2005	2006	2007	2008	2009	2010
全国	620.9	1487.8	2492.0	7619.5	9689.4	12 177.8	14 306.9	12 016.1	15 779.3
北京	11.2	22.7	46.3	308.7	379.5	489.3	575.0	483.8	554.7
天津	17.9	30.0	86.3	273.8	334.9	380.7	421.0	298.9	375.2
河北	3.7	10.6	15.3	109.2	128.3	170.0	240.0	156.9	225.7
山西	2.6	11.4	12.4	35.3	41.4	65.3	92.5	28.4	47.1
内蒙古	3.2	6.1	10.2	17.7	21.4	29.4	35.9	23.2	33.3
辽宁	56.1	82.6	108.5	234.4	283.2	353.2	420.7	334.1	431.2
吉林	7.9	11.0	12.4	24.7	30.0	38.6	47.7	31.2	44.8
黑龙江	10.9	21.0	14.5	60.7	84.4	122.6	168.1	100.8	162.8
上海	53.2	115.8	253.5	907.2	1135.9	1438.5	1691.5	1418.0	1807.2
江苏	29.4	97.8	257.7	1229.7	1604.1	2036.1	2380.3	1992.0	2705.5
浙江	21.9	77.0	194.4	768.0	1008.9	1282.6	1543.0	1330.1	1804.8
安徽	6.5	13.9	21.7	51.9	68.4	88.1	113.6	88.9	124.2
福建	24.5	79.1	129.1	348.4	412.6	499.4	569.9	533.2	715.0
江西	5.8	10.1	12.0	24.4	37.5	54.4	77.3	73.7	134.2
山东	34.2	81.6	155.3	461.2	586.0	751.1	931.9	794.9	1042.5
河南	8.7	13.6	14.9	50.9	66.3	83.7	107.2	73.5	105.3
湖北	9.4	19.8	19.3	44.3	62.6	81.7	117.1	99.8	144.4
湖南	8.0	14.5	16.5	37.5	50.9	65.2	84.1	54.9	79.6
广东	222.2	565.9	919.2	2381.6	3019.5	3693.2	4056.6	3589.5	4532.0
广西	7.3	22.5	14.9	28.8	35.9	51.1	73.5	83.8	96.0
海南	4.7	8.3	8.0	10.2	13.8	13.6	15.9	13.1	23.2
重庆	3.3	8.5	10.0	25.2	33.5	45.1	57.2	42.8	74.9
四川	7.2	14.2	13.9	47.0	66.2	86.1	131.3	141.7	188.5
贵州	1.5	4.3	4.2	8.6	10.4	14.7	19.0	13.6	19.2
云南	5.6	13.3	11.8	26.4	33.9	47.7	49.8	45.1	76.1
西藏	0.1	0.3	1.1	1.7	2.2	3.3	7.1	3.8	7.7

续表

年份	1990	1995	2000	2005	2006	2007	2008	2009	2010
陕西	4.6	12.8	13.1	30.8	36.3	46.8	53.8	39.9	62.1
甘肃	1.9	2.2	4.1	10.9	15.1	16.6	16.0	7.4	16.4
青海	0.7	1.4	1.1	3.2	5.3	3.9	4.2	2.5	4.7
宁夏	0.8	2.4	3.3	6.9	9.4	10.9	12.6	7.4	11.7
新疆	3.4	7.7	12.0	50.4	71.4	115.0	193.0	109.3	129.7

数据来源：统计局、电力供需研究实验室数据库。

附表 7　　全国及各省（区、市）进口总额　　亿美元

年份	1990	1995	2000	2005	2006	2007	2008	2009	2010
全国	533.5	1320.8	2250.9	6599.5	7914.6	9559.5	11 325.6	10 059.2	13 948.3
北京	10.3	30.4	70.2	946.4	1200.8	1440.7	2141.9	1663.5	2460.2
天津	4.2	35.5	85.3	259.0	309.7	333.8	383.0	339.4	446.8
河北	0.4	7.8	10.2	51.5	57.0	85.2	144.2	139.4	193.6
山西	0.9	2.6	5.3	20.2	24.9	50.5	51.4	57.3	78.7
内蒙古	1.6	5.1	10.1	31.0	38.2	47.9	53.3	44.6	53.8
辽宁	7.1	27.3	81.7	175.7	200.7	241.5	303.6	295.2	375.5
吉林	3.2	15.1	13.1	40.6	49.2	64.4	85.6	86.2	123.7
黑龙江	4.1	13.3	15.4	35.0	44.2	50.4	63.2	61.5	92.2
上海	21.1	74.5	293.6	956.2	1139.3	1390.1	1529.1	1359.2	1881.7
江苏	12.0	65.0	198.7	1049.6	1235.7	1458.6	1542.4	1395.4	1952.4
浙江	5.8	38.1	83.9	305.9	382.5	485.8	568.4	547.2	729.9
安徽	0.8	6.1	11.7	39.3	54.1	71.2	88.2	67.9	118.6
福建	18.9	65.4	83.2	195.7	214.0	245.1	278.3	263.3	372.9
江西	1.4	2.8	4.3	16.3	24.4	40.0	58.9	54.1	80.5
山东	8.7	57.9	94.6	306.1	366.2	473.6	652.1	595.6	847.0
河南	1.4	8.7	7.8	26.4	31.6	44.1	67.6	61.3	72.6

续表

年份	1990	1995	2000	2005	2006	2007	2008	2009	2010
湖北	2.7	14.2	12.8	46.3	55.0	67.0	90.0	72.7	114.7
湖南	4.1	5.7	8.6	22.5	22.6	31.7	41.3	46.6	67.1
广东	196.8	473.8	781.9	1898.1	2252.5	2648.7	2793.0	2521.4	3314.6
广西	1.7	9.7	5.4	23.0	30.7	41.5	58.9	58.8	81.0
海南	4.7	14.4	4.8	15.2	14.7	21.5	29.4	35.7	63.1
重庆	3.5	5.7	7.9	17.7	21.2	29.3	38.0	34.3	49.4
四川	1.2	6.4	11.5	32.0	44.0	57.7	89.8	100.0	139.3
贵州	0.6	2.5	2.4	5.4	5.8	8.0	14.7	9.5	12.2
云南	1.9	7.9	6.4	21.0	28.3	40.3	46.1	35.3	57.6
西藏	0.2	0.4	0.2	0.4	1.1	0.7	0.6	0.3	0.6
陕西	1.2	4.5	8.3	15.0	17.3	22.1	29.5	44.2	58.7
甘肃	0.2	0.9	1.5	15.4	23.2	38.7	44.9	31.3	56.9
青海	0.0	0.2	0.5	0.9	1.2	2.3	2.7	3.3	3.2
宁夏	0.1	0.4	1.2	2.8	4.9	5.0	6.2	4.6	7.9
新疆	0.7	6.6	10.6	29.0	19.6	22.1	29.2	30.1	41.6

数据来源：统计局、电力供需研究实验室数据库。

附表 8　　近年来我国利率历次调整一览表　　%

公布时间		调整后存款基准利率	调整后贷款基准利率
2007 年	3 月 18 日	2.79	6.39
	5 月 19 日	3.06	6.57
	7 月 21 日	3.33	6.84
	8 月 22 日	3.60	7.02
	9 月 15 日	3.87	7.29
	12 月 21 日	4.14	7.47

续表

公布时间		调整后存款基准利率	调整后贷款基准利率
2008 年	9 月 16 日	4.14	7.20
	10 月 9 日	3.87	6.93
	10 月 30 日	3.60	6.66
	11 月 27 日	2.52	5.58
	12 月 23 日	2.25	5.31
2010 年	10 月 20 日	2.50	5.56
	12 月 26 日	2.75	5.81
2011 年	2 月 9 日	3.00	6.06
	4 月 6 日	3.25	6.31

数据来源：东方财富网。

附表 9　近年来我国存款准备金率历次调整一览表 %

公布时间		调整幅度	调整后存款准备金率
2007 年	1 月 5 日	0.5	9.5
	2 月 16 日	0.5	10.0
	4 月 5 日	0.5	10.5
	4 月 29 日	0.5	11.0
	5 月 18 日	0.5	11.5
	7 月 30 日	0.5	12.0
	9 月 6 日	0.5	12.5
	10 月 13 日	0.5	13.0
	11 月 10 日	0.5	13.5
	12 月 8 日	1.0	14.5
2008 年	1 月 16 日	0.5	15.0
	3 月 18 日	0.5	15.5
	4 月 16 日	0.5	16.0

续表

公布时间		调整幅度	调整后存款准备金率
2008年	5月12日	0.5	16.5
	6月7日	1.0	17.5
	10月8日	—0.5	17.0
	11月26日	—1.0	16.0
	12月22日	—0.5	15.5
2010年	1月12日	0.5	16.0
	2月12日	0.5	16.5
	5月2日	0.5	17.0
	11月10日	0.5	17.5
	11月19日	0.5	18.0
	12月10日	0.5	18.5
2011年	1月14日	0.5	19.0
	2月18日	0.5	19.5
	3月19日	0.5	20.0
	4月21日	0.5	20.5
	5月12日	0.5	21.0

数据来源：东方财富网。

附表 10　　全国主要行业用电量　　亿 kW·h

年份	全社会用电量	第一产业	第二产业	第三产业	城乡居民	工业	重工业	轻工业
1990	6126	308	4864	492	461	4819	3834	985
1991	6697	342	5261	511	532	5179	4135	1074
1992	7455	374	5810	637	634	5747	4565	1182
1993	8201	385	6369	717	729	6288	5018	1270
1994	9046	417	6919	835	875	6822	5452	1370

续表

年份	全社会用电量	第一产业	第二产业	第三产业	城乡居民	工业	重工业	轻工业
1995	9886	456	7507	919	1006	7397	5910	1487
1996	10 570	483	7946	1009	1133	7830	6266	1564
1997	11 039	514	8169	1102	1253	8055	6439	1616
1998	11 347	498	8263	1198	1388	8144	6537	1607
1999	12 092	525	8806	1291	1470	8685	6949	1736
2000	13 466	534	9786	1474	1672	9654	7642	2011
2001	14 683	569	10 646	1631	1835	10 502	8291	2211
2002	16 386	590	11 957	1837	2001	11 793	9244	2549
2003	18 894	596	13 949	2109	2230	13 759	10 816	2943
2004	21 815	603	16 275	2428	2453	16 053	12 702	3351
2005	24 848	755	18 736	2527	2830	18 502	14 793	3709
2006	28 368	832	21 474	2822	3240	21 206	17 104	4101
2007	32 565	863	24 909	3185	3608	24 596	20 130	4467
2008	34 380	879	25 920	3498	4082	25 578	21 006	4572
2009	36 595	940	27 136	3944	4575	26 754	22 119	4636
2010	41 923	984	31 318	4497	5125	30 887	25 699	5187

数据来源：历年《电力工业统计资料汇编》，中国电力企业联合会统计信息部；电力供需研究实验室数据库。

附表 11　全国及各省（区、市）全社会用电量　亿 kW·h

年份	1990	1995	2000	2005	2006	2007	2008	2009	2010
全国	6126	9886	13 466	24 848	28 368	32 565	34 380	36 595	41 923
北京	174	260	384	571	612	667	690	739	800
天津	122	176	234	385	434	495	516	550	643
河北	352	565	809	1502	1735	2014	2095	2344	2692
山西	255	398	502	946	1098	1349	1314	1268	1450

续表

年份	1990	1995	2000	2005	2006	2007	2008	2009	2010
内蒙古	121	180	254	668	872	1149	1221	1288	1530
辽宁	462	625	749	1111	1228	1360	1412	1488	1717
吉林	190	265	291	378	412	463	496	515	572
黑龙江	296	382	442	556	597	629	670	689	740
上海	265	403	559	922	990	1072	1138	1153	1290
江苏	407	699	971	2193	2570	2952	3118	3314	3856
浙江	228	434	738	1642	1909	2189	2323	2471	2825
安徽	184	289	339	582	662	769	859	952	1076
福建	124	259	402	757	867	1000	1074	1135	1316
江西	123	186	208	392	446	511	547	609	700
山东	449	741	1001	1912	2272	2596	2727	2941	3300
河南	338	566	719	1353	1524	1808	1971	2081	2355
湖北	281	406	503	789	877	989	1059	1135	1325
湖南	221	343	406	674	769	879	917	1011	1177
广东	341	788	1335	2674	2994	3393	3507	3610	4060
广西	120	221	314	510	568	675	761	856	993
海南	8	27	38	82	97	112	123	134	158
重庆	—	—	164	348	401	449	488	534	626
四川	340	552	521	943	1059	1177	1213	1325	1550
贵州	97	191	288	501	582	675	679	750	836
云南	115	182	274	557	632	735	829	891	1000
西藏	1.5	—	3.3	10	10.9	14.7	15.9	18	20
陕西	169	237	293	516	581	571	708	740	853
甘肃	177	241	295	489	536	615	678	706	803
青海	42	69	109	207	244	285	313	337	465
宁夏	55	92	136	303	378	440	440	463	547
新疆	69	110	183	310	356	322	479	548	648

数据来源：历年《电力工业统计资料汇编》，中国电力企业联合会统计信息部；电力供需研究实验室数据库。

附表 12　　全国发电电力装机容量　　万 kW

年份	总装机	水电	火电	核电	风电
1990	13 789	3605	10 184		
1991	15 147	3788	11 359		
1992	16 653	4068	12 585		
1993	18 291	4459	13 832		
1994	19 990	4906	14 874		
1995	21 722	5218	16 294		
1996	23 654	5558	17 886		
1997	25 424	5973	19 241		
1998	27 729	6507	20 988		
1999	29 877	7297	22 343		
2000	31 932	7935	23 754	210	
2001	33 849	8301	25 314	210	
2002	35 657	8607	26 555	447	
2003	39 141	9490	28 977	619	
2004	44 239	10 524	32 948	684	
2005	51 718	11 739	39 138	685	106
2006	62 370	13 029	48 382	685	207
2007	71 822	14 823	55 607	885	420
2008	79 273	17 260	60 286	885	839
2009	87 410	19 629	65 108	908	1760
2010	96 219	21 340	70 663	1082	3107

数据来源：历年《电力工业统计资料汇编》，中国电力企业联合会统计信息部；电力供需研究实验室数据库。

附表 13　　全国及各省（区、市）发电装机容量　　万 kW

年份	1990	1995	2000	2005	2006	2007	2008	2009	2010
全国	13 789	21 722	31 932	51 718	62 370	71 822	79 273	87 410	96 219
北京	243	300	445	491	506	495	586	592	631
天津	202	339	504	618	654	693	751	1004	1094
河北	667	1104	1583	2317	2709	3021	3207	3723	4215
山西	589	916	1275	2307	2745	3176	3632	4082	4429
内蒙古	389	589	896	1995	2900	4205	4881	5407	6372
辽宁	856	1088	1523	1754	1834	2150	2219	2538	3228
吉林	478	700	846	1017	1113	1198	1300	1601	2035
黑龙江	613	786	1088	1247	1342	1518	1813	1915	1965
上海	580	806	1060	1337	1478	1442	1682	1669	1858
江苏	988	1500	1925	4271	5304	5599	5442	5689	6470
浙江	612	1013	1808	3774	4687	5112	5360	5642	5721
安徽	406	593	872	1225	1519	1905	2638	2868	2933
福建	388	647	1044	1762	2205	2399	2627	3004	3405
江西	296	451	632	893	986	1284	1296	1545	1632
山东	863	1281	2001	3743	5005	5540	5736	6000	6268
河南	617	1007	1532	2881	3516	4115	4572	4695	5057
湖北	706	1000	1511	2742	2994	3713	4327	4621	4907
湖南	544	776	1034	1506	1938	2254	2499	2717	2990
广东	828	2272	3190	4808	5403	5932	5546	6508	7089
广西	343	558	742	1102	1320	1940	2289	2530	2515
海南	81	152	179	211	266	282	279	389	386
重庆			432	568	760	861	1073	1132	1155
四川	749	1215	1710	2246	2718	2960	3285	3969	4224
贵州	281	427	606	1687	2128	2410	2562	3019	3284

续表

年份	1990	1995	2000	2005	2006	2007	2008	2009	2010
云南	338	530	741	1275	1813	2210	2408	3195	3616
西藏	15	18	36	48	48	42	54	54	66
陕西	286	499	738	1166	1103	1219	1960	2181	2358
甘肃	382	455	655	986	1101	1260	1496	1762	2155
青海	166	187	395	571	694	774	791	1068	1262
宁夏	93	169	231	518	644	751	836	981	1291
新疆	190	301	446	654	789	903	1090	1309	1607

数据来源：历年《电力工业统计资料汇编》，中国电力企业联合会统计信息部；电力供需研究实验室数据库。

附表 14　　全国发电设备利用小时数　　h

年份	平均	水电	火电	核电
1990	5036	3800	5413	
1991	5030	3675	5451	
1992	5029	3567	5462	
1993	5068	3730	5455	
1994	5233	3877	5574	
1995	5121	3857	5454	
1996	5033	3570	5418	
1997	4765	3387	5114	
1998	4501	3319	4811	
1999	4393	3198	4719	
2000	4517	3258	4848	
2001	4588	3129	4900	
2002	4860	3289	5272	
2003	5245	3239	5767	

续表

年份	平均	水电	火电	核电
2004	5455	3462	5991	7605
2005	5425	3664	5865	7755
2006	5221	3434	5633	7774
2007	5011	3532	5316	7737
2008	4648	3589	4885	7825
2009	4546	3328	4865	7716
2010	4660	3429	5031	7924

数据来源：历年《电力工业统计资料汇编》，中国电力企业联合会统计信息部；电力供需研究实验室数据库。

附表 15　全国及各省（区、市）发电设备利用小时数　h

年份	1990	1995	2000	2005	2006	2007	2008	2009	2010
全国	5036	5121	4517	5425	5221	5011	4648	4546	4660
北京	5193	4522	4121	4460	4041	4429	4232	4123	4261
天津	4682	3884	4266	6040	5714	5802	5243	5070	5237
河北	6205	5803	5625	6244	5973	5690	5123	4985	5091
山西	5788	5677	5122	6292	6296	6036	5241	4890	5060
内蒙古	4873	5557	4901	5843	5787	5312	4586	4320	4202
辽宁	5411	5058	4517	5319	5784	5631	5257	5010	4639
吉林	3670	4283	3607	4543	4380	4447	4286	3850	3776
黑龙江	5024	5172	4004	5011	5072	4926	4518	3963	4086
上海	5033	5304	5402	5978	5101	5020	4845	4500	4812
江苏	5505	5988	5169	6109	5336	5234	4929	5380	5573
浙江	4404	5042	4542	5541	5381	5022	4645	4565	4894
安徽	5072	5635	4328	5916	5331	5110	5178	4718	5085
福建	3837	4967	3998	4932	4580	4539	4490	4278	4253

续表

年份	1990	1995	2000	2005	2006	2007	2008	2009	2010
江西	4547	4486	3510	4644	4716	4095	4044	3941	4129
山东	5935	6280	5412	5475	5422	4809	4834	4903	5041
河南	5614	6168	4689	5394	5200	4998	4605	4535	4856
湖北	5104	4634	3815	5038	4722	4680	4353	4074	4289
湖南	4153	4953	3910	4620	4287	4174	3666	3779	3972
广东	5027	3989	4394	5421	5263	4961	4826	4687	4833
广西	4090	4416	4381	4604	4544	4404	4002	3590	4168
海南	1878	2450	2322	4079	4144	3903	4317	3914	4235
重庆			4371	5027	4582	4355	4192	3869	4423
四川	4930	4892	3278	4914	4503	4060	3854	4125	4258
贵州	4318	5530	5171	5251	5224	5055	4627	4809	4133
云南	4147	4437	4348	5239	5319	4697	4261	4461	4197
西藏	2289	2296	2182	3056	3302	3547	3710	3113	3246
陕西	6198	5402	4116	5280	5053	5290	4840	4076	4583
甘肃	4997	5431	4554	4364	5348	5531	4733	4294	4410
青海	4283	3489	3608	7090	4445	4181	4117	4163	4501
宁夏	6034	6501	5786	5155	7099	6424	5793	5190	5842
新疆	4013	4553	4745	4769	5347	5290	5079	4701	4862

数据来源：历年《电力工业统计资料汇编》，中国电力企业联合会统计信息部；
电力供需研究实验室数据库。

参　考　文　献

［1］2000—2010 年《中国统计年鉴》，国家统计局.

［2］2005—2010 年《中国能源年鉴》，国家统计局.

［3］2003—2010 年《统计资料汇编》，国家电网公司.

［4］胡兆光，单葆国等. 电力供需模拟实验——基于智能工程的软科学实验室. 北京：中国电力出版社，2009.

［5］胡兆光，韩新阳等. 综合资源战略规划与需求侧管理——理论方法与实践. 北京：中国电力出版社，2008.

［6］胡兆光. 中国特色的低碳经济、能源、电力之路初探. 中国能源，2009（31）11：16～19.

［7］胡兆光，单葆国，韩新阳，徐敏杰，黄清，温权等. 中国电力需求展望——基于电力供需研究实验室模拟实验. 北京：中国电力出版社，2010.

［8］徐敏杰. 国际金融危机对我国经济及电力需求的影响分析. 中国电力，2009.

［9］陈佳贵，黄群惠，钟宏武，王延中等. 中国工业化进程报告（1995—2005 年中国省域工业化水平评价与研究）. 北京：社会科学文献出版社，2007.

［10］国网能源研究院. 中国电力供需分析报告. 北京：中国电力出版社，2010.

［11］中国社会科学院. 2009 年城市蓝皮书. 2009.

［12］何晓萍，刘希颖，林艳苹. 2009 年：中国城市化进程中的电力需求预测. 经济研究.

［13］王信茂. 节能减排工作应该建立长效机制. 中国电力报，2010，9.

[14] 陈佳贵，李杨等. 2011年中国经济形势分析与预测. 北京：社会科学文献出版社，2010.

[15] Internation Energy Agency，World Energy Outlook 2010.